Gabriel:

Espero disfrutes de esta lectura.

Un abrazo,

Dra. Marieli Ríos

Emprendimiento Emocional™. Copyright © Dra. Marielí Ríos, 2022
Todos los derechos reservados.
San Juan, Puerto Rico
ISBN 978 0 578 33871 2

Página web: www.dramarielirios.com
Instagram/@dra.marielirios
Correo electrónico: info@dramarielirios.com

Mentora en autopublicación: Anita Paniagua
www.anitapaniagua.com

Edición y corrección: Mariangely Núñez-Fidalgo
arbola.editores@gmail.com

Diseño gráfico y portada: Amanda Jusino
www.amandajusino.com

Fotografía de la autora: Raúl Romero
www.raulromerophotography.com

Emprendimiento Emocional™

La metodología para que tomes **el control**
de tu mente y emociones, salgas del estancamiento
y emprendas exitosamente los proyectos de tu vida

Dra. Marielí Ríos

Testimonios

«La Dra. Marielí Ríos se ha convertido en mi mentora y modelo a seguir. Recuerdo ese día cuando la contacté para comenzar su taller de Emprendimiento Emocional™. Fui la última en hacer reservación y fue la mejor decisión que pude tomar. En el taller pude organizar mis pensamientos y tomar la decisión de emprender con un proyecto hermoso el cual había sido mi sueño durante más de 20 años. Además de sus talleres, solicité sus «mentorías» uno a uno, las cuales me ayudaron a tomar la decisión final y firme de emprender. Me encanta cómo la Dra. Ríos lleva el mensaje y te ayuda a tener un emprendimiento de calidad y profesionalismo. Siempre viviré agradecida de su amor y compromiso».

— Ileana Estades BSN
Salud Mujer

«Sabía que estaba destinada a ser emprendedora, pero me daba ansiedad y un día la escuché diciendo: "El no emprender puede ser un problema emocional". Inmediatamente, me anoté en el programa y descubrí que me aterrorizaba tener éxito por las razones equivocadas.

Aprendí a manejar mis pensamientos negativos para lograr dar el próximo paso ¡sin reproches!».

— *María del Mar Vargas Sierra*
«coach» de alimentación emocional
Sin Reproches

«Buscamos a Marielí por la necesidad de inteligencia emocional en nuestra organización. Marielí nos ayudó a trabajar positivamente con nuestras emociones. Gracias a ella y sus consejos pasamos de ser una organización con potencial a ser número uno en Puerto Rico en el campo de servicios financieros».

— *Roberto Zambrana*
Zambrana & Asociados

«La Dra. Ríos fue mi profesora de maestría en Liderazgo Estratégico. Formé parte del primer grupo que inauguró su Proyecto de Emprendimiento Emocional™. Por medio de este, logré desarrollar la confianza para lanzar mi proyecto al mercado. Ella es uno de mis principales referentes en el tema del emprendimiento y del desarrollo emocional profesional y personal. ¡Mucho éxito siempre!».

— *Arnold Durán*
gerente estratégico
Metamorphosispr

«La Dra. Marielí Ríos, es una profesional de gran influencia para las organizaciones que tenemos el privilegio de contar con sus servicios. Su formación, sensibilidad y capacidad para interactuar y dejar su legado mediante sus intervenciones, la hacen un recurso de gran poder. El respeto a su audiencia y sus destrezas para conectar con los demás hacen de ella una profesional valiosa y muy querida. ¡Le deseamos mucho éxito en todos los proyectos que emprenda y esperamos contar con ella siempre!».

— *Myrna Carrero*
directora ejecutiva
Centro de Desarrollo Familiar
Seasonal Head Start

«Al principio de mi emprendimiento, tenía muchas dudas y miedos en cuanto a lo que podría encontrarme en el camino. Por eso decidí buscar ayuda y encontré a la Dra. Marielí Ríos y su Taller de Emprendimiento Emocional™. El taller me ayudó a atreverme a tomar decisiones y a seguir adelante con mis metas».

— *Arnaldo Maldonado*
conferenciante y educador en Finanzas Personales

«Para mí fue un honor el haber tomado el Taller de Emprendimiento Emocional™ donde aprendí a identificar, organizar, controlar y manejar mis emociones, pensamientos y a enfrentar mis temores. Es una experiencia que nos ayuda a encontrar nuestra mejor versión y nos brinda un crecimiento genuino tanto personal como profesional. ¡Lo recomiendo!

— *Dr. Bienvenido Prosper*
psicólogo industrial

Dedicatoria

Papi, porque cada día me inspiras más.

Vida, por creer en mí incluso antes que yo.

Contenido

Agradecimientos

La vida ha sido muy generosa conmigo. Tengo tanto que agradecer. Agradezco la alegría que se ha convertido en mi propósito y en esa guía que me ayuda a decidir lo que quiero para mi vida. A la tristeza, porque me ha permitido retirarme, mirar hacia adentro y descubrir lo más sensible, hermoso y profundo de mi ser. A la frustración, porque me indica cuando estoy viviendo con expectativas y solo se va cuando permito que la vida me sorprenda. Al miedo, porque cada vez que tengo un pensamiento que me lo provoca está enfocado en un futuro del cual no tengo control y me recuerda que solo cuando regreso al presente, recupero mi poder. Al coraje, porque es la fuerza que me mueve hacia adelante a pesar de los desafíos que la vida me presenta.

Agradezco a mi papá Adrián porque cada día está más presente, me siento más cerca de él, es un modelo importante en esta etapa de mi vida. Aunque físicamente no está conmigo, cada día descubro algo nuevo y fascinante sobre él, es una relación que evoluciona porque él vive en mí, mientras descubro el emprendedor y empresario maravilloso que fue. Ahora me doy cuenta de que él sembró en mí el deseo por emprender.

A mi mamá Magda, por alentarme, por ser mi fanática número uno, por aplaudir mis proyectos y por ser el ejemplo de vivir en alegría. A mi hermana Magda Marie, por ser mi cómplice, mi otra mitad, mi alma gemela, mi confidente y la que escucha todas mis locuras sin juzgarme. A mi hermano Adrián Manuel, por ser el ejemplo de la importancia que tiene la inteligencia emocional en nuestra vida profesional. A mi tía Mercedes Morera, por ser incondicional para mí, mi mentora y mi modelo a seguir como ser humano y profesional. A mi sobrino Christian, porque su energía y valentía me inspiran cada día. A cada uno de mis sobrinos porque son parte fundamental de mi vida.

Agradezco a la doctora Moraima de Hoyos, por despertar en mí esta maravillosa idea de apoyar a los emprendedores desde el aspecto emocional. Cada conversación con ella ha sido crucial en este proyecto. Agradezco su apoyo continuo.

Mi gratitud al Colegio de Administración de Empresas de la Universidad de Puerto Rico, en Mayagüez, por darme la oportunidad de desarrollar el tema y compartir este mensaje con profesores, estudiantes y con toda la comunidad universitaria. A la organización UPRM E-Ship y a todos los que colaboran con ese hermoso proyecto.

A Alessandra Correa, y a todo el equipo de INprende por reconocer la importancia de las emociones en el emprendedor y darme la oportunidad de compartir mi proyecto con todos sus empresarios.

A Nerma Albertorio del Centro para Emprendedores, por ser de las primeras en brindarme el espacio para compartir este tema con sus emprendedores.

A cada una de las empresas y organizaciones que reconocieron la importancia de las emociones y llevaron este tema tan importante a su gente.

A cada una de las personas que participó en mis seminarios, talleres, programas grupales y «mentorías» individuales. Gracias por creer en mí y por ser parte de este proyecto que nace del corazón y qué está hecho para ustedes.

A Anita Paniagua, porque ha estado conmigo desde el principio, desde que todo era solo un sueño. A todo el equipo de Emprende Con Tu Libro, a mi editora, psicóloga y «coach», Mariangely Núñez-Fidalgo porque las sesiones de edición se convirtieron en un espacio de calma, alegría, conversaciones filosóficas y trabajo de edición. A Amanda Jusino, diseñadora de estas páginas, por su creatividad y disposición en cada uno de los proyectos que ha trabajado conmigo.

A mis hijos Oscar Emilio, Sebastián e Isabella porque son mi motor, inspiración constante y mis maestros...

A mi esposo Miguel Ángel, por confiar en mí, por motivarme, por todos los años que me decías que lanzara mi proyecto y no te hice caso, por estar y por ser quien eres conmigo. Te amo.

A cada uno de ustedes, mis lectores.

Esta no puede ser la vida

Déjame contarte mi historia. Aunque muchos piensan que tengo la vida resuelta, mi historia es como la tuya y como la de miles de emprendedores que viven soñando con dejar su trabajo, comenzar a desarrollar ese nuevo proyecto, arrancar con su negocio, comenzar a vivir una vida diferente y convertirse en una inspiración o modelo para los demás. Como emprendedores tenemos algo en común: nos sentimos estancados, nos paraliza el miedo a emprender, sentimos frustración y tristeza por no arrancar con eso que tanto soñamos.

Soy especialista en comportamiento humano y una emprendedora del conocimiento. Por mucho tiempo, laboré para empresas públicas y privadas en busca de seguridad de empleo, sin embargo, llevaba años explorando otras opciones. El trabajo requería que le dedicara largas horas encerrada en una oficina, lo que me hacía sentir como si estuviese presa. En las noches, me dedicaba a dar clases y ese era mi escape porque me encanta educar.

Como madre, necesitaba encontrar una manera de flexibilizar mi tiempo. Quince días de vacaciones al año no eran suficientes para dedicárselos a mi familia. Recuerdo que muchas veces pensaba: *Esta no puede ser la vida.*

Escuchaba historias de personas que se reinventaron, dejaron a un lado sus profesiones y se dedicaban a otras cosas. Sabía que no quería dejar lo que hacía, amo la psicología y vivo para educar. Estuve muchos años buscando información sobre distintos negocios: de ropa, prendas, comida, entre otros, pero no me apasionaban. En mi búsqueda, y ya casi al punto de la desesperación, comencé a tomar seminarios y leer libros sobre emprendimiento. En ellos siempre se menciona que la clave para emprender no es la idea ni el modelo ni el dinero, sino que lo más importante es la mentalidad del emprendedor, sin embargo, no se profundiza mucho sobre el tema. El enfoque era técnico y siempre me quedaba frustrada. Así que decidí comenzar a trabajar conmigo, con lo que conocía, con la inteligencia emocional y emprendí un proceso para redescubrirme y rediseñarme desde mi esencia, desde lo que soy. Ese camino me abrió las puertas para encontrar las herramientas y los mentores correctos que me apoyaron en el proceso y pude ver claramente que todo el tiempo había tenido de frente la respuesta a mis preguntas. Descubrí que lo que había trabajado conmigo, lo podía compartir con otros y era justamente aplicar la psicología al proceso del emprendedor. **Hoy soy una feliz emprendedora que desea aportar a tu camino y ayudarte a emprender sin límites desde la inteligencia emocional.**

Al igual que tú y, a pesar de mis conocimientos, sentí miedos, inseguridades, me sentí perdida y busqué ayuda. Por eso sé que tengo las herramientas que necesitas.

En este libro encontrarás toda la metodología para que comiences a trabajar con la parte más importante del proceso de emprender: tú. Compartiré historias, estrategias y ejercicios para que puedas trabajar en cada uno de los pasos. Es importante que trabajes capítulo por capítulo y termines tus ejercicios para que así estés preparado para continuar. Te recomiendo que separes una libreta para tu proceso de Emprendimiento Emocional™ y registres en ella todas tus respuestas.

Te invito a permitirte sentir cada una de tus emociones, a disfrutarte el proceso y a ser amable contigo. No te presiones, ve paso a paso, yo estaré aquí para acompañarte. Conecta contigo y comienza tu proceso de emprender desde adentro, desde tus emociones.

La ciencia de la psicología en tu emprendimiento

La ciencia puede ser una gran aliada en nuestros procesos de vida, proyectos y negocios. Por mucho tiempo, nos hemos creído que la ciencia pertenece a los ambientes académicos y la vemos como algo distante. Nada más lejos de la realidad. **La psicología** es una ciencia que ha aportado muchísimo a entender y explicar el comportamiento de los seres humanos. ¿Qué ha pasado con esos conocimientos? Gran parte de ellos se han quedado en las universidades, en foros académicos y en recursos poco accesibles.

Llevo casi veinte años enseñando en ambientes académicos y constantemente pensaba que debía buscar una forma de compartir todos esos conocimientos, que transmitía a mis estudiantes, con las personas que no tenían acceso a él. Enseñar a mis estudiantes, no solo la teoría, sino la manera sencilla y práctica de utilizar toda esa información en su día a día como seres humanos y como profesionales, siempre fue mi compromiso.

Una de las preocupaciones como profesora en distintas facultades de Administración de Empresas en Puerto Rico era ver que personas con unas excelentes ideas de negocios y muchas de las cualidades que se requieren para emprender, no lo hacían. Recuerdo compartir con estudiantes que ya habían desarrollado sus ideas de negocio o proyecto, habían identificado los recursos, tenían prácticamente todo para comenzar, pero no daban ese paso. En una ocasión, una colega profesora visitó mi oficina buscando ayuda para unos estudiantes que ya tenían todo para comenzar, pero no se lanzaban, como consecuencia seguían buscando fallas en el proyecto o cambiando muchas de las cosas que ya habían trabajado.

Me di a la tarea de buscar qué pasaba. Aunque sabía que tenía que ver con el factor humano, quería conocer un poco más sobre la información que recibían. Empecé a participar de eventos, conferencias, programas y a buscar libros sobre emprendimiento. La mayoría de estos recursos mencionaban la importancia de trabajar con el famoso «mindset» o mentalidad y reconocían que la pieza más importante en el proceso de emprender es el emprendedor. En la marcha, descubrí que en muchos de esos eventos se hablaba del miedo a emprender e incluso se mencionaba la frase **«emprende sin miedo».** **Esa fue la clave para darme cuenta de la importancia de trabajar el tema del emprendimiento desde la perspectiva emocional.**

Al hablar en esos círculos sobre el tema de la inteligencia emocional, me di cuenta lo poco que se sabía de ella y que podía ser una excelente oportunidad para educar. Aunque para mí era un tema conocido desde hace mucho tiempo, me sorprendía que nadie le diera importancia a ese punto. De hecho, la psicología del emprendedor trabaja el tema de la personalidad y actitud emprendedora, pero no así la parte emocional.

Mi primer encuentro con la Inteligencia Emocional fue hace veinte años cuando me encontraba estudiando mi maestría. Tenía apenas 25 años y me encontraba viviendo una de las épocas más difíciles de mi vida. Mi padre acababa de morir, me separé de mi primer esposo y mi hijo de dos años estaba siendo evaluado por varios médicos en Puerto Rico porque tenía todas las características fisiológicas de un niño con distrofia muscular, pero los estudios no lo confirmaban. Como la mayoría de los seres humanos cuando la vida nos empuja y nos saca de nuestra «zona cómoda», esa incomodidad que sentimos nos hace buscar una manera de sobrevivir.

Mientras asistía a un psiquiatra, continuaba buscando desesperadamente de dónde agarrarme para salir a flote de esa situación que me estaba hundiendo.

Recuerdo llegar a una clase y, aunque físicamente estaba allí, la tristeza y las preocupaciones no me permitían concentrarme. No recuerdo el profesor, pero sí recuerdo que mencionó el concepto de **inteligencia emocional**. Me llamó mucho la atención y conecté inmediatamente con lo que explicó. Tenía que ver con la capacidad que tenemos los seres humanos de sentir y controlar nuestros estados de ánimo y emociones. Una vez salí de la universidad, fui directo a una tienda de libros que existía en aquel momento y acababa de llegar el libro sobre Inteligencia emocional, de Daniel Goleman. Este libro, que fue publicado en el 1995, causó una gran conmoción ya que las investigaciones presentadas en el mismo cuestionaban la importancia del coeficiente intelectual e incluso nos mostraba la inteligencia emocional como un indicador del éxito en la vida, a la vez que ponía el coeficiente intelectual en tela de juicio.

El World Economic Forum, organización que agrupa a expertos de todas partes del mundo en áreas como la economía, el empresarismo, el emprendimiento, negocios, etcétera, establece que, para el año 2022, una de las habilidades que debe tener un emprendedor es la inteligencia emocional. La coloca en el lugar número ocho de diez habilidades, entre las cuales se encuentran otras muy relacionadas a las habilidades de la inteligencia emocional como son iniciativa, solución de problemas, liderazgo, influencia y relaciones sociales, entre otras.

¿Qué es un emprendedor?

Cuando comienzo mis seminarios sobre Emprendimiento Emocional™ les pregunto a los participantes *¿Qué necesita un emprendedor?* Las respuestas son similares en cada grupo: visión, liderazgo, metas claras, soñar, conocer sus fortalezas, motivación, ser persistente, conocimiento de sí mismo, flexibilidad, empatía, confianza, determinación, intuición, sobreponerse al fracaso, autocontrol, buenas relaciones, ser luchador, entre muchas otras. Al evaluar las contestaciones, me doy cuenta de que todas están relacionadas a la inteligencia emocional. Aunque estas personas reconocen la importancia de educarse, consideran que sin esas habilidades sería difícil alcanzar el éxito deseado.

El emprendedor es una persona que desea comenzar algo: un proyecto de vida, un proyecto en su área de trabajo o un negocio y, para lograrlo, no solo necesita conocer bien su proyecto, desarrollar bien su idea, tener conocimiento, experiencia, conocer de finanzas, algo de leyes, planes de negocios, préstamos, etcétera. El emprendedor es un ser humano primero y como ser humano tiene creencias, experiencias, conocimientos, pensamientos y emociones que determinan su manera de ver la vida y tomar decisiones: todo esto, lo que él es, se refleja en su negocio o proyecto; no están separados.

A través de la dinámica con los participantes del seminario, descubrí que había una emoción que siempre se repetía y de la cual se hablaba con mucha naturalidad: el miedo. Aunque sabía que la inteligencia emocional junto a la psicología podrían ser dos herramientas muy valiosas para brindarles a los emprendedores, tenía que validar que lo que percibía era lo correcto. Así que, como estudiosa del tema, me di a la tarea de realizar un sondeo y le pregunté a más de 150 profesionales y empresarios sobre los pensamientos y emociones que interferían para emprender su proyecto. Interesantemente, el 81 % indicó sentir miedo al fracaso, miedo a las críticas, preocupación económica e inseguridad y, como consecuencia, experimentaban frustración, ansiedad y hasta mucha tristeza. Aun más interesante fue descubrir que el miedo es solo la primera emoción a la que se enfrentan. Luego aparecía la frustración, la ansiedad, la tristeza y dos de ellos mencionaron la depresión, pues llevaban mucho tiempo en ese estancamiento cuando otros ya se habían lanzado.

Emprendimiento Emocional™

Por los pasados años, he tenido la oportunidad de acompañar a muchas personas que tienen el deseo de emprender un nuevo proyecto o negocio o desarrollar sus proyectos actuales, pero no se atreven a lanzarse. Son personas que sufren porque se sienten paralizadas, sienten miedo y mucha preocupación, que se sienten frustradas, tristes e inseguras, que desean cambiar su realidad de vida, que tienen un sueño, un plan, una idea, un proyecto que comenzar y que desean un cambio. En su mayoría son emprendedores, educadores, «coaches» y profesionales en distintas áreas que tienen el deseo de emprender, pero no se lanzan. Saben que, si lo logran, sentirán una gran satisfacción al poder aportar positivamente con su conocimiento y reconocen los beneficios profesionales y económicos que podrían obtener al tomar acción, pero ¿qué les pasa? Cada vez que piensan en su proyecto, escuchan una vocecita interna que les dice: «¿Y si no lo logras?, ¿vas a dejar un trabajo seguro para emprender?, ¿realmente eres tan bueno o buena?, ¿quién va a comprar tu producto o servicio?».

Por experiencia, sé que muchísimas personas que tienen deseos de emprender un proyecto de vida o negocio tienen pensamientos que les provocan miedo. Estas personas viven buscando fuera de ellas algo que les brinde esa fórmula para arrancar con su proyecto. La mayoría asiste a muchos seminarios motivacionales, de negocio, o programas de «coaching» empresarial en busca de herramientas que les ayude a dar el paso para atreverse a emprender. Muchos de estos programas son muy buenos, sin embargo, muy pocos profundizan en la raíz del problema: el estancamiento.

El estancamiento es un problema emocional. Por eso, he diseñado un programa para ayudarte a emprender utilizando el método de Emprendimiento Emocional™: un sistema de cinco pasos basados en la ciencia de la psicología del emprendedor y la inteligencia emocional. He utilizado todos los conocimientos que he aplicado durante muchos años en el mundo académico, libros, teorías e investigaciones y los he convertido en un programa sencillo y práctico para que puedas trabajar con él. Está diseñado para que aprendas las herramientas que necesitas para manejar tus pensamientos y tus emociones y puedas moverte a iniciar tu proyecto desde la raíz, de una vez y por todas.

> El estancamiento es un problema emocional.

Emprendimiento Emocional™ significa empezar, comenzar, iniciar un proyecto, negocio, plan, desde lo esencial, desde el ser humano: mediante el desarrollo de tus capacidades y habilidades para reconocer tus fortalezas, emociones y pensamientos. Este método te apoyará a trabajar:

- el miedo
- las frustraciones
- las preocupaciones y tristeza por no comenzar
- el desarrollo de tu autocontrol
- tu automotivación con optimismo
- tu capacidad de recuperarte ante situaciones inesperadas
- tu conexión con la gente
- tu capacidad de entender las emociones de los demás

Estos son los pasos de la metodología de Emprendimiento Emocional™ diseñados para que salgas del estancamiento:

1. Conecta con tus emociones
2. Domina tus pensamientos
3. Descubre el gran motivador para el emprendedor
4. Aprende a interpretar los sentimientos de los demás
5. Lánzate a conectar

¡Comencemos ahora!

Paso 1:
Conecta con tus emociones

«Para atrevernos a emprender
es importante identificar los recursos que tenemos
para afrontar ese gran paso, esa decisión».

Siempre había querido emprender… desde hace muchos años soñaba con la idea de tener mi propia compañía de consultoría, adiestramiento y capacitación para poder dedicar parte del tiempo a la academia, pero no fue hasta que cumplí mis 40 años que comencé a sentirme un poco desesperada. Aunque me encantaba el trabajo que estaba realizando, me sentía atrapada al tener que pasar de diez a doce horas del día en una oficina. Pensaba que *esta no puede ser la vida, tiene que haber otra manera de vivirla, no puede ser que se me vaya la vida así...* Mientras trabajaba, comencé a buscar información sobre distintas maneras de emprender. Indagué sobre los diferentes tipos de negocio, desde comida, ropa, prendas hasta venta por Internet. En el proceso, descubrí que sentía mucho miedo. Por un lado, me sentía entusiasmada con la idea de comenzar un nuevo proyecto, pero, por otro lado, sentía mucho temor. Fueron unos meses muy intensos en los cuales mi objetivo era descubrir qué era lo que me provocaba tanto miedo.

Mi padre fue empresario. Tuvo varias empresas, entre ellas, mantenimiento comercial, venta de equipo de laboratorios y, finalmente, tuvo un negocio de servicio de manejo de equipo biomédico. Así que crecí trabajando en algunos de sus negocios e incluso soñaba con ser la dueña de uno de ellos. Recuerdo vivir cada etapa: desde las conversaciones sobre las ideas con mi madre, acompañarlo a buscar documentos y a reuniones con socios, hasta ayudar a montar las oficinas. Tuve el privilegio de vivir sus distintas etapas, desde el nacimiento, desarrollo, éxito y hasta el cierre de alguno de ellos. **Vi a mi padre caerse, lo vi llorar, lo vi preocuparse, pero también lo vi celebrar, lo vi soñar y lo vi levantarse con más fuerzas y comenzar otro nuevo proyecto.**

También escuché muchas de las conversaciones de mis padres y las preocupaciones que estos negocios les generaban. Algunas eran por la disminución en las ventas, pérdida de algún contrato importante, el reemplazo de empleados y por la traición de parte de personas cercanas en las cuales él había puesto toda su confianza. Por alguna razón, en el hogar se discutían muchos de estos temas difíciles y, aunque no me lo decían directamente porque era pequeña, a través de sus conversaciones podía sentir las emociones, la frustración, la tristeza, el coraje y, sobre todo, el miedo que experimentaban mis padres. Así que comencé a asociar la idea de tener un negocio con preocupaciones y miedos y, sin darme cuenta, crecí con una creencia sobre los negocios que me provocaba una emoción que sentía negativa.

Ahora sé que, al igual que un virus y sin ser conscientes de ello, contagiamos a los demás con nuestra alegría, nuestro coraje, nuestra tristeza o nuestro miedo. **Se llama contagio emocional y se origina en la interacción con otras personas.** Además, aprendemos a reaccionar a las experiencias o situaciones de la misma manera que lo hicieron nuestros modelos: nuestros padres, las personas quienes nos criaron o que tuvimos cerca. Según mis padres manejaban sus emociones, yo también crecí manejando las mías y, probablemente, las cosas que les provocaban miedo a mis padres, también lo provocaban en mí.

Conectar con nuestras emociones requiere mirar a nuestro interior y comenzar a descubrirnos y conocernos. Es desde ese autodescubrimiento y autoconocimiento que podemos comenzar nuestro proceso de transformación. El camino para lograrlo comienza trabajando con tres pilares importantes: crear consciencia de quién eres, conocer tus emociones y conectar con tu esencia.

> Conectar con nuestras emociones requiere mirar a nuestro interior y comenzar a descubrirnos y conocernos.

Crea consciencia de quién eres

La consciencia sobre ti mismo se desarrolla cuando pones atención a tus estados de ánimos, emociones y pensamientos, sin hacer juicios sobre ellos. Para conectar con quién eres, hace falta que estés atento a tus pensamientos y a las emociones que cada uno de ellos te genera. Le llamo las historias, esas que nos hacemos antes de que las cosas sucedan. Por ejemplo, algunos de los emprendedores piensan que su proyecto de emprendimiento va a fracasar desde antes de comenzar a desarrollarlo. Algunos no desarrollan su idea porque piensan que nadie los va a apoyar: su pareja, familia y amigos y, más aún, porque piensan que los demás los deberían apoyar para poder empezar. Otros desarrollan sus ideas y no presentan sus propuestas porque piensan que su proyecto no es importante. Otros siguen cambiando su idea o proyecto y no son conscientes de que esta situación no tiene que ver con su proyecto, sino con ellos como emprendedores. Así que crear consciencia de quién eres significa tanto observar esos pensamientos como tu comportamiento con los demás cuando te invaden distintas emociones.

Vivir consciente de quién eres es un trabajo, una práctica. Para lograrlo, tienes que PARAR, dejar a un lado la vida en automático y contestarte una serie de preguntas para tomar consciencia de ti: ¿Cómo me veo a mí mismo?,

¿quién soy?, ¿cómo me ven los demás? Tus respuestas no deben ser desde una perspectiva del ego. El ego es un pensamiento o una creencia que nace del miedo. Desde esa perspectiva, te ves y te defines de acuerdo con lo que los demás esperan de ti, en vez de lo que ves en ti como ser humano y te define como único. Vivir consciente de quién eres —al igual que conectar con tus emociones— requiere que mires hacia adentro y descubras lo que eres, no tus títulos profesionales, sino todo lo que eres como ser humano. Si te resulta difícil, empieza por contestar *¿quién no soy?*

Este proceso, aunque parece sencillo, requiere de nuestra intención y atención, pues vivimos conectando con nuestro exterior, con nuestras parejas, nuestros hijos, nuestros amigos, nuestros compañeros, nuestra familia y pocas veces nos detenemos a observarnos y conocernos.

Conoce tus emociones

Definir lo que es una emoción nunca ha sido tarea fácil. Si buscas información, encontrarás muchas definiciones. La palabra emoción significa movimiento. En términos fisiológicos (físicos), las emociones son reacciones de nuestro cuerpo a experiencias que te puedan poner en peligro. Si sientes un temblor, vas a experimentar miedo y eso va a provocar que busques protegerte debajo de una mesa. Según Daniel Goleman, las emociones son, en esencia, impulsos que nos llevan a actuar, programas de reacción automática con los que nos ha dotado la evolución.

También podemos sentir emociones de manera psicológica. Estas se originan en nuestra mente porque provienen de nuestros pensamientos, creencias y de las experiencias de nuestra infancia en el entorno familiar, la escuela, la cultura y la sociedad. Experimentamos estas emociones psicológicas la mayor parte del tiempo y vivimos con ellas sin darnos cuenta de lo que nos hacen sentir y de quiénes somos cuando las sentimos. Algunas nos paralizan o nos limitan y otras, nos mueven y nos impulsan.

Durante muchos años, vivimos apostando solo al coeficiente intelectual. Se crearon pruebas para medir cuán inteligentes podríamos ser, pero lo más interesante fue que le atribuimos toda la responsabilidad sobre el éxito o el «fracaso» de una persona. Por lo tanto, si en las pruebas de inteligencia, una persona obtuvo un coeficiente intelectual alto es un genio, así que todos esperarán que, además de ser cuatro puntos en la escuela, excelente en Ciencias, Matemáticas y en la mayoría de las materias, sea una persona exitosa. Las expectativas de la gente eran muy altas.

A medida que pasó el tiempo, nos dimos cuenta de que no necesariamente había funcionado así. Todos, en algún momento, compartimos con compañeros en la escuela que fueron académicamente excelentes, los considerábamos genios y cuando los vemos ahora como adultos, no necesariamente cumplieron las expectativas que teníamos de ellos. Sin embargo, también conocemos personas que no fueron cuatro puntos en la escuela e incluso fueron los «problemáticos» o los que todos querían seguir, los que se atrevían a ir a donde la directora, los que hacían el grupo para irse de fiesta. Ahora los vemos y nos sorprenden porque no nos podíamos imaginar que iban a ser personas tan «exitosas», según lo que la sociedad nos ha enseñado que debe ser el éxito.

Te invito a recordar tus reencuentros de clase, ¿con cuántos excompañeros de clase te reencontraste y no puedes creer todo lo que han hecho? Con esto no quiero decir que una persona que tiene un coeficiente intelectual alto y es buena académicamente, no tenga destrezas emocionales. Pero es un buen ejemplo para ilustrar que la inteligencia emocional nació de cuestionamientos relacionados a esta observación: coeficiente intelectual alto-no exitoso vis a vis coeficiente intelectual bajo-exitoso. En su momento, representó un gran desafío y la idea de que es necesario tener un coeficiente intelectual alto para tener éxito se fue desmoronando. Cuando personas con un alto coeficiente intelectual tenían dificultades y otras, con un coeficiente intelectual promedio podían desempeñarse de manera exitosa en la vida, se comenzaron a considerar otros factores.

⏻ **La inteligencia emocional no significa ser simpático o dejar salir todas las emociones sin ningún control, como tampoco significa dejar de sentir emociones o reprimirlas.** Según Goleman, **es la capacidad de sentir, entender, controlar y modificar estados anímicos propios y ajenos.** Se traduce en competencias prácticas como la destreza para saber qué pasa en nuestro cuerpo, qué sentimos, el control emocional y el talento de motivarse, además de la empatía y las habilidades sociales.

¿Puedes identificar en cuál parte de tu cuerpo sientes tus emociones?

Antes de llamarse inteligencia emocional, las investigaciones giraban en torno al concepto de «alfabetización emocional». Alfabetizar se relaciona con la actividad que se desarrolla para que una persona pueda aprender a leer y escribir. Pero cuando unimos estos dos conceptos, se relaciona con aprender a identificar y reconocer nuestras emociones. Y aunque es difícil de entender, la mayoría llegamos a adultos sin conocer nuestras emociones. Muchas personas no saben identificar o ponerle nombre a lo que están sintiendo.

Reconocer nuestras emociones es el primer paso de la inteligencia emocional y se construye sobre el autoconocimiento. En la medida en que te conoces, no solo puedes identificar tus emociones, sino descubrir cómo se manifiesta cada emoción en tu cuerpo. Uno de los ejemplos que utilizo siempre con mis estudiantes es lo que he aprendido sobre mí cuando siento coraje. En ese momento, siento que todo mi cuello se empieza a poner caliente y comienza a subir ese calor hasta mi cabeza y, por alguna razón, siento un fuerte picor. He aprendido que cuando llego a ese punto, mi coraje está en un nivel muy alto y que debo retirarme de la situación. Estoy segura de que a ti también te pasa. Los participantes de mis talleres y «mentorías» me dicen que cuando experimentan miedo, sienten un nudo en el estómago; otros me dicen que cuando están bien alegres, sienten mucha energía y quisieran correr, y así sucesivamente con cada emoción, experimentan un deseo o sensación distintos. ⏻ ¿Te ha pasado a ti?, **¿puedes identificar en cuál parte de tu cuerpo sientes tus emociones?**

Investigadores de Finlandia realizaron estudios sobre cómo las emociones se expresan en nuestro cuerpo. Hicieron un mapa corporal en donde muestran en qué área de nuestro cuerpo se manifiesta cada emoción. Las emociones son energía y así cada una de ellas se va acumulando en nuestro cuerpo. Cuando nos permitimos sentir, esa energía fluye y nos sentimos muchísimo mejor.

⏻ **Cuando sabemos identificar la emoción en nuestro cuerpo, podemos manejarla.**

También el reconocido psiquiatra estadounidense, el Dr. David Hawkins, realizó estudios utilizando la quinesiología (ciencia que estudia la respuesta muscular ante un estímulo). A través de ella, buscaba conocer las vibraciones de nuestro cuerpo, específicamente de los músculos, según las emociones que experimentamos. Descubrió que una emoción como la vergüenza tiene una vibración de 20, la cual es la más baja, el miedo tiene una vibración de 100, la alegría tiene una vibración de 540 y la paz una vibración de 600. Conocer esto es importante porque lo que nos hace cambiar de vibración puede ser un pensamiento y de esto hablaremos con mayor profundidad en el Paso 2: Domina tus pensamientos.

Estoy convencida de que los seres humanos actuamos según nuestras emociones y tomamos decisiones de acuerdo con ellas. Desde pequeños, nos enseñan que no debemos tomar decisiones cuando sentimos mucho coraje, pero es igual con cada emoción. Pienso que muchos de nosotros también nos hemos arrepentido de las decisiones que hemos tomado en momentos en los cuales hemos sentido demasiada felicidad.

En encuestas realizadas con empresarios y líderes de diferentes organizaciones de Santa Mónica, California, ellos destacan que las decisiones más importantes que han tenido que tomar, no solo las han tomado desde la racionalidad, muchos indicaron que se dejaban guiar por sus emociones al principio y en el proceso buscaban datos que apoyaran su intuición o corazonada. Las emociones van construyendo una serie de experiencias que se convierten en sabiduría emocional. Si tenemos esto presente, podemos entender que las emociones juegan un rol bien importante en nuestras decisiones. **Estar en sintonía con lo que sentimos es la clave para tomar decisiones más acertadas.**

En tu proceso de emprender es importante reconocer las emociones que te paralizan, que te mantienen estancado y no te permiten arrancar. Es muy importante descubrir qué sientes en tu cuerpo cuando piensas en tu proyecto. Escribe en tu libreta de tu proceso de Emprendimiento Emocional™ las siguientes preguntas y tus respuestas:

1. ¿Cómo te sientes en distintos momentos durante el día?

2. ¿Cómo te sientes cuando vas de camino al trabajo?

3. ¿Cómo te sientes cuando llegas del trabajo a tu casa?

4. ¿Cómo te sientes cuando te enojas?

5. ¿Qué te hace sentir bien?

Conecta con tu esencia

No es casualidad que me encante educar a otros, pero no se trata solo de educar, es todo lo que conlleva el proceso y ese momento en que me paro frente a un grupo es uno de los momentos en que siento mayor plenitud. Y sí, no es casualidad. Desde muy joven fui bailarina y los momentos que más atesoro y recuerdo con mucha felicidad son aquellos en que me encontraba en el teatro, en un escenario, bailando frente a otros.

Cuando despertó en mí el deseo de emprender, me sentí muy confundida. Como ya te he comentado, busqué información sobre muchos tipos de negocio y, aunque por un momento me engañaba pensando que era lo correcto, en el fondo de mi corazón sentía que no era lo que me movía. Fue para mí un proceso de mucha introspección, en el cual tuve que volver a mi esencia, a lo que realmente soy. Amo la psicología, me apasiona educar y pararme a hablar frente a la gente. Esa es quien soy, esa es mi esencia y, cuando lo hago, no importa lo que pase a mi alrededor, me siento en total plenitud.

Conectar con tu esencia tiene que ver con conectar con todas esas características que te van formando en el ser que eres, eso que traes en tu maleta: tus puntos fuertes, tus debilidades, tus cualidades (las que tú identificas y las que los otros reconocen en ti) y las áreas que necesitas desarrollar. Conectar también es redescubrir lo que te ilusionaba cuando pequeño, recordar con qué soñabas cuando pensabas en tu «yo adulto» y, lo más importante, conectar con eso que te hacía feliz. Permítete sentir nuevamente esa felicidad. Añade estas preguntas y tus contestaciones a tu libreta:

1. ¿Qué te ilusionaba durante tu niñez?

2. ¿Con qué soñabas?

3. ¿Qué te hacía feliz?

¿Qué es el miedo? El miedo no es el problema

El miedo nos prepara para correr o huir porque su finalidad es protegernos de una situación que hemos identificado como peligrosa. Si vamos caminando por la calle y sentimos que alguien corre hacia nosotros, vamos a correr porque pensaríamos que esa persona nos va a atacar. El miedo está controlado por una parte de nuestro cerebro que se llama la amígdala y es la encargada de manejar y controlar nuestras emociones. Tan pronto identificamos un evento amenazante o peligroso, la amígdala reacciona, emite una señal que entendemos como miedo y nos protegemos.

Sentimos miedo porque interpretamos o percibimos una amenaza. Las experiencias son neutrales, es decir, no tienen una carga emocional como tal. Somos los seres humanos quienes catalogamos o describimos una situación como amenazante. Cuando percibimos una situación amenazante, es porque consideramos que no tenemos los recursos para enfrentarnos a ella. Una persona que nunca ha tenido un negocio puede sentir que abrirlo es una amenaza porque inconscientemente percibe que no cuenta con los recursos. Y lo contrario es cierto, una persona que ha pasado por la experiencia de poner un restaurante, aunque sienta miedo de comenzar un nuevo negocio, se puede enfrentar más fácilmente a esta nueva situación porque sabe que cuenta con los recursos para hacerlo.

Según el psicoterapeuta y autor de *La sabiduría de las emociones*, Norberto Levy, con el miedo, específicamente, casi siempre hay una reacción en cadena. No es que solo sentimos el miedo, es que además reaccionamos interiormente a él y esto genera una segunda emoción que puede ser vergüenza, humillación, rabia, impotencia, etcétera. Además, Levy identifica tres pasos cuando se siente el miedo: primero, registro de una amenaza; segundo, reacción de miedo y tercero, respuesta interior a esa reacción de miedo, que es cómo la sentimos en nuestro cuerpo. Por ejemplo: Soy infeliz en mi trabajo y tengo el deseo de emprender (un nuevo trabajo o un proyecto fuera del trabajo). Primero, se registra la amenaza: tengo miedo por la falta de seguridad, la preocupación económica o el miedo al fracaso. Segundo, la reacción de miedo es tristeza, frustración, coraje y, tercero, la respuesta interior a estas emociones (paralizarse, el sudor, la ansiedad, el pecho apretado, el dolor en el estómago, la falta de aire) van agravando esa primera emoción que me detuvo que fue el miedo.

> El miedo indica que existe un problema.

El miedo indica que existe un problema

El miedo psicológico nos provoca ansiedad, ya que se encuentra anclado en el futuro, en algo que podría suceder, pero que la mayoría de las veces no ocurre. Te invito a que cierres los ojos en este momento, revises el pasado y pienses en las cosas que te causaron preocupación en distintas etapas de tu vida. Te sorprenderá darte cuenta de que la mayoría de esas cosas que te preocuparon, nunca sucedieron.

En mi programa de maestría, tuve un profesor que nos decía: «Nos sentimos ansiosos por el futuro y nos deprimimos por el pasado». El miedo no es un problema, el miedo es una señal valiosísima que nos indica que existe un problema: un desbalance entre lo que hemos identificado como una amenaza y los recursos que

tenemos para enfrentarnos a esa «amenaza». Por ejemplo, cuando entras a la cuenta de banco y la encuentras con balance negativo. Sabes que el problema no es el número negativo o en rojo. Eso lo que indica es que existe un problema con el dinero y que necesitas resolverlo. Cuando ves la cuenta en rojo, se activan los pensamientos: *Tengo que pagar las cuentas y no tengo dinero, ¿qué hago?*, y esos pensamientos provocan una emoción que te paraliza o te mueve.

Muchos de estos miedos tienen su origen en las etapas tempranas de nuestro desarrollo. Copiamos y aprendemos de nuestros modelos que son nuestros padres. Te invito a Identificar de dónde sale el miedo a emprender. Como te contaba al principio de este capítulo, sentía mucho miedo de solo pensar en la idea de emprender. Recuerdo que a veces hablaba con mi esposo de la posibilidad de crear un negocio y mientras lo discutíamos, sentía mi corazón latir muy fuerte y se me hacía un nudo en el estómago. Vivo en el oeste de Puerto Rico y para llegar a mi casa, tengo que recorrer toda la costa. Es un área con muchos negocios como restaurantes y bares. Algunos de ellos llevan muchos años. En el tiempo que llevo viviendo allí, he visto negocios que han cerrado, otros que han abierto y otros que han durado muy poco. Por mucho tiempo he pasado por el área y he sentido miedo por aquellos negocios que estaban por abrir. Me sentía nerviosa por ellos y siempre me preguntaba por qué eso me causaba tanto miedo. En este proceso de autoconocimiento, pude darme cuenta de que, aunque tenía un padre emprendedor que toda la vida tuvo negocio, lo que recuerdo de niña son las conversaciones entre él y mi madre, llenas de preocupación o las situaciones difíciles que enfrentó.

Llevaba años sintiendo que quería vivir de una manera diferente, con deseos de comenzar algo nuevo. Sentía que el mundo giraba y que, mientras eso sucedía, me encontraba estancada en el mismo lugar. Soñaba con dejar la vida que tenía, renunciar a mi trabajo y dedicarme a lo que realmente me apasionaba. Sentía la necesidad de dejar de pensar en los demás y ponerme como prioridad. Pero pasaba el tiempo y no lo hacía porque ¿quién renuncia a un «trabajo seguro»?

¿Cuántas veces has pospuesto tu proyecto por alguna de estas excusas u otras?:

- «No tengo tiempo».
- «No estoy lista o listo».
- «Todavía me falta».
- «No lo tengo todo».
- «Alguien me robó la idea».
- «Todavía no sé lo suficiente».
- «Mi pareja no me apoya».
- «Mi familia no cree en mí».

⏻ Concurro con la autora Tania Sanz cuando dice que los seres humanos tenemos cierta tendencia a justificar aquellas acciones que debemos cambiar, con algún pensamiento que nos haga sentir mejor. Reconocer estas excusas es la mejor herramienta para comenzar a ⏻ tomar acción. ¿De verdad piensas que mañana va a ser diferente?

La verdad detrás de esas excusas es:

- **Número uno: queremos gratificación inmediata.**
  Descansar en el sofá es más cómodo en este momento que salir a hacer ejercicio. Revisar las redes sociales es más fácil ahora, que hacer ese proyecto que has estado posponiendo.
- **Número dos: tenemos miedo.**
  Las excusas nacen del miedo: miedo a no hacerlo correctamente, miedo a fracasar, miedo a lo desconocido y, lo más importante, miedo a tener éxito.

Eso nos hace querer posponerlo y, en su lugar, hacer algo sencillo y seguro.

- **Número tres: posponerlo es más fácil que hacerlo.** No hay consecuencias negativas inmediatas. Seguramente, vamos a pagar por ello más tarde, pero, por ahora, nada malo pasará. Es muy fácil saltarte esa actividad, permanecer en esa zona cómoda y ahorrarte el posible sufrimiento de haber «fracasado».

- **Número cuatro: la recompensa se ve muy lejos.** El ser constante es lo que genera la recompensa, pero, en este momento, aún está lejos de tu alcance inmediato. Sin embargo, posponer el tomar acción, conlleva una recompensa inmediata. Recuerdo haber pasado mucho tiempo posponiendo mi proyecto con la excusa de mi familia y mis hijos. Me convencía pensando que mi prioridad era mi familia y que mi proyecto me alejaría de ellos.

También vivimos buscando fuera de nosotros algo que solucione nuestra incomodidad o malestar con nuestros resultados o nuestra vida en general. Crecemos con la creencia de que tenemos que buscar algo y vivimos buscando eso que nos llene y nos haga sentir seguridad. Nos enseñan que debemos estudiar, prepararnos, tener un buen trabajo, casarnos o tener una pareja, tener hijos y comprar una casa. Y así, sin darnos cuenta, crecemos pensando que una vez logremos eso, nos sentiremos plenos y felices. Tenemos la creencia de que la seguridad viene de formar una familia, tener un trabajo o comprar una casa. De alguna manera, crecemos pensando que debemos buscar todo lo que nos hace sentir bien fuera de nosotros. Nada más lejos de la realidad. (Perdí mis dos trabajos «seguros», me divorcié de mi primer esposo y viví en mi primer apartamento solamente durante dos años).

⏻ **Para atrevernos a emprender es importante identificar los recursos que tenemos para afrontar ese gran paso, esa decisión.** Ese es precisamente el primer paso de la inteligencia emocional: el autoconocimiento. Recuerdo que cuando empecé mi proceso de emprender, me senté una tarde a actualizar mi «curriculum vitae». Nunca olvidaré la sorpresa que sentí y todo lo que descubrí. Fue como sentarme a hablar con una persona desconocida. Por años viví desconectada de todas las cosas que había logrado. Llevaba mucho tiempo solo recordándome (en mi diálogo interior) las cosas que no me habían salido bien. Sentarme con mi «curriculum» fue conectar nuevamente con la mujer emprendedora, luchadora y redescubrirme.

Los miedos del emprendedor

La clave para emprender es sentirte capaz, es sentir que tienes no solo la capacidad, sino que posees los recursos emocionales para hacerlo. Un emprendedor que se siente capaz cree en sus habilidades, es optimista, puede ver oportunidades donde los demás no las ven, se adapta a los cambios, es flexible, asume riesgos y se siente impulsado por su deseo de emprender.

A través de los años en mi experiencia, he observado que la mayoría de los emprendedores sienten miedo, no solo al inicio de su proyecto, también cuando ya han comenzado y durante su carrera como emprendedores. El miedo principal que enfrentan es el miedo a no tener éxito o a no conseguir aquello que tanto soñaron, el famoso miedo a fracasar. Este miedo al fracaso se manifiesta de muchas maneras:

• Miedo al rechazo de los demás – a las críticas de colegas, amigos, compañeros y familiares

• Miedo a decepcionar a los seres queridos – Aunque el origen de esta emoción es la posibilidad de decepcionarnos a nosotros mismos.

• Miedo al compromiso y a asumir la responsabilidad que requiere liderar un proyecto y mostrar quién realmente eres

Te confieso que mientras desarrollaba mi proyecto, me paralizó el miedo en más de una ocasión. Uno de mis miedos era a las críticas de mis colegas. Así que para validarme decidí participar en la Convención de Psicología Industrial Organizacional de ese año y presentar el tema frente a todos ellos. Preparé mi propuesta y fue aceptada. Todavía no se llamaba Emprendimiento Emocional™, pero presenté el tema de la inteligencia emocional en los emprendedores. Me sentía muy nerviosa, sin embargo, una vez comencé a desarrollar mi ponencia, sentía el interés, la curiosidad y cómo mi tema cobraba sentido para los participantes. Al finalizar, muchas personas se acercaron para decirme que les había encantado, que querían más información y, sobre todo, se acercaron para felicitarme porque consideraban que era un tema novel que aportaba muchísimo a los profesionales que allí se encontraban. La sala estaba llena de psicólogos que, como yo, tenían un sueño, tenían deseos de crear nuevos proyectos e impactar con su conocimiento al país y al mundo. Ese día marcó un momento bien importante en mi desarrollo como emprendedora, fue la mejor prueba para reconocer que ese miedo era totalmente infundado y **comprendí que la manera de deshacer el miedo es la acción.**

> La manera de deshacer el miedo es la acción.

A continuación, comparto contigo algunas estrategias que he observado que utilizan los emprendedores para manejar el miedo y que pueden ser muy útiles en tu camino para convertirte en un emprendedor.

1. **Escoge bien las personas con las cuales compartes:** Asegúrate de rodearte de personas que te apoyen y que sean fuente de inspiración para ti.

2. **La educación es importante:** Apodérate de tu proceso y fórmate como emprendedor. Esto te ayudará a ganar seguridad.

3. **Crea un plan que te dé dirección:** Comienza con los pasos más relevantes y asegúrate de tener claro el destino al que quieres llegar.

4. **Nunca olvides cuál es tu propósito:** Recuerda que tu propósito contesta el porqué, cuál es la razón de emprender, por qué tu proyecto es importante y cuál es el objetivo.

5. **El fracaso no existe:** Solo tenemos experiencias que nos hacen crecer y aprender. Sin aprendizaje, no hay crecimiento y tampoco transformación. Elimina la palabra fracaso de tu vocabulario.

6. **Las críticas no son tu realidad:** Reconoce que son una opinión de los demás.

7. **Recuerda todas las veces que has logrado tus objetivos:** Mira el pasado y piensa también en las veces que lo has logrado y cómo esas experiencias te hicieron crecer.

8. **Atrévete a enfrentar pequeños riesgos:** Cada día elige hacer algo que no has hecho antes. Esos pequeños riesgos al final se convertirán en esa gran oportunidad.

Desarrolla tu radar emocional

El conocimiento que tienes sobre ti es importante para alcanzar tus sueños y es el primer paso para convertirte en un emprendedor emocional. El psicólogo Robert Dilts entrevistó docenas de líderes de negocios y encontró que todos tenían respuesta a tres preguntas emocionalmente significativas:

- ¿Quién eres?

- ¿Cuál es tu misión o meta en la vida?

- ¿Qué sientes en este momento? (Esta pregunta demuestra la conexión emocional constante que tiene el líder de negocios).

A la mayoría de las personas se le hace difícil contestar estas preguntas, vive su día a día en automático e improvisando en su vida personal y profesional. Contestar estas preguntas te puede ayudar a desarrollar tu radar emocional el cual te guiará y te dará dirección. Podrás conocer en dónde te encuentras y cuál es el camino que debes seguir. Cuando no tienes un radar emocional que te dé dirección, tomarás decisiones enfocadas en las razones incorrectas.

¿Cómo puedes desarrollar tu autoconocimiento y tu radar emocional? El radar emocional te ayuda a trazar un plan hacia el éxito personal y profesional. Elige un lugar tranquilo y separa un tiempo. Contesta cada premisa siguiendo tus emociones, imágenes, recuerdos… date oportunidad de sentir todo.

1. **Ponte en contacto con lo que sientes que no anda bien en tu vida.** Termina la oración «Lo que yo siento que no anda bien en mi vida es _____». Escribe todo lo que venga a tu mente.

   Por ejemplo, yo sentía que algo andaba mal en mi vida cuando, aunque amaba lo que hacía, no quería llegar a mi trabajo. Algo andaba mal porque sentía que el mundo seguía girando mientras yo me encontraba encerrada en cuatro paredes. Puedes hacer este ejercicio con todo en tu vida, con la pareja, familia, etcétera.

2. **Ponte en contacto con lo que sientes que anda bien en tu vida.** Termina la oración: «Lo que yo siento que anda bien en mi vida es _____».
Escribe personas y situaciones en tu vida personal, así como fortalezas, talentos y todo aquello que te hace sentir bien, planes futuros, etcétera.

3. Aprende de lo que sientes. Termina la oración: «Lo que aprendo de _____ o hago para mejorar las cosas que siento es _____». Elimina el «hubiera» de tu vocabulario. El «hubiera» está en el pasado. Solo tienes el poder de cambiar el presente.

Desarrollar tu radar emocional te ayudará:

- a descubrir qué es lo realmente importante para ti y así concentrarte en lograrlo;

- a identificar las emociones como el miedo, la tristeza, la inseguridad y descubrir el mensaje que te quieren transmitir;

- a estar atento a las emociones que te agradan y a la dirección en que te pueden llevar si conectas con ellas.

Desarrollar tu
radar emocional te ayudará:
a descubrir qué es
lo realmente importante para ti
y así concentrarte
en lograrlo.

Ejercicio:
Conecta con tus emociones

I. Haz un alto para comenzar a conocer tus emociones.

1. ¿Cuáles son las emociones que me paralizan?

_____

_____

_____

_____

_____

_____

II. Realiza esta serie de preguntas con cada emoción. Empecemos con el miedo.

1. ¿Sé reconocer cuando tengo miedo?

_____

_____

_____

_____

_____

_____

2. ¿Puedo identificar por qué siento miedo?

----

3. ¿Cuándo fue la última vez que sentí miedo?

----

4. ¿Cómo lo sentí en mi cuerpo?

----

5. ¿Cuáles eran mis pensamientos recurrentes en ese momento?

III. Te invito a enumerar todos los recursos que posees.

1. ¿Qué recursos poseo para emprender?

IV. FODA personal

En el próximo ejercicio realizarás un análisis FODA personal (fortalezas, oportunidades, debilidades y amenazas) que te ayudará en tu proceso de autoconocimiento y autodescubrimiento.

1. **Identifica tus fortalezas**, aquellas cualidades, actitudes o habilidades que te diferencian de los demás y se convierten en una ventaja.

2. **Enumera tus debilidades**, que son esas áreas que puedes mejorar y que tienen que ver con tu crecimiento personal y profesional.

3. **Reconoce las áreas de oportunidad**, esos factores externos que te pueden ayudar a desarrollar tu proyecto.

4. **Descubre las amenazas** que también son factores externos que pueden afectar tu desarrollo y el de tu emprendimiento.

La invitación es a llenar cada espacio de la tabla con total honestidad.

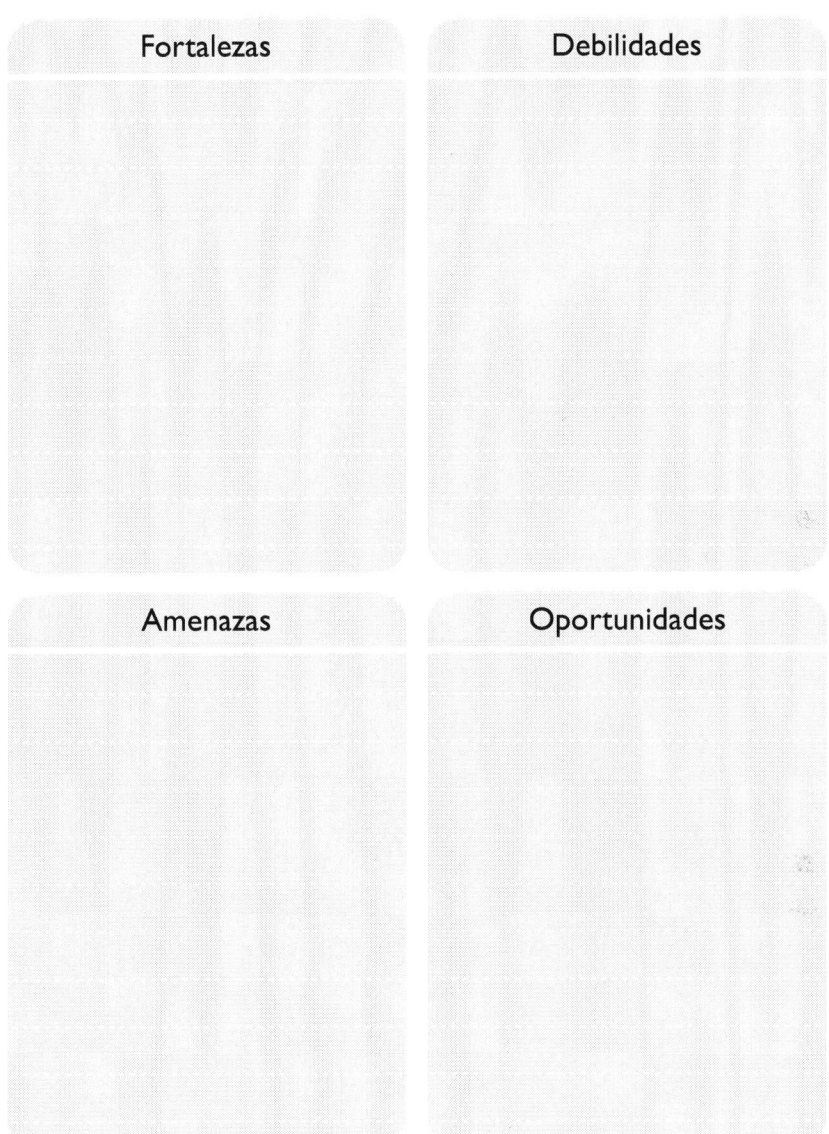

Aduéñate de tus fortalezas, afronta tus debilidades, asume la responsabilidad por las áreas que debes mejorar y determina si necesitas ayuda para hacerlo.

Te invito a que conectes con eso que te causa miedo. Imagina ese miedo como si estuviese frente a ti.

1. ¿Cómo lo imaginas?

2. ¿Qué sientes cuando lo ves?

3. ¿Qué le quieres decir?

¿Cómo percibes tus emociones?

Miedo

Tristeza

Ira

Alegría

Paso 2:
Domina tus pensamientos

«La realidad es siempre más amable que las historias que nos contamos sobre ella».

— *Byron Katie,*
autora y creadora de la metodología El trabajo

Los pensamientos son esas conversaciones que tenemos con nosotros mismos y que se convierten en nuestra realidad. Estos pensamientos nacen de nuestra interpretación de quiénes somos y de lo que nos sucede, la percepción. La percepción es para mí uno de los conceptos más importantes de la psicología. Los seres humanos constantemente recibimos información a través de nuestros cinco sentidos. Vemos, escuchamos, olemos, probamos y tocamos estímulos que llegan del ambiente. Por ejemplo, escuchamos una alarma, la alarma estimula el sentido de la audición, esa información pasa a nuestro cerebro y le damos una interpretación. Si tres personas escuchan la alarma, seguramente cada una de ellas la interpreta de manera diferente: una, la alarma de incendio, otra entenderá que es la alarma de un carro y otra, la alarma de un edificio. Cada uno de nosotros interpreta el mundo de acuerdo con nuestros pensamientos, creencias, valores, experiencias y conocimientos. Esto quiere decir que, frente a situaciones similares, vamos a pensar y actuar de manera diferente. **Es importante conocer que cada situación o experiencia que**

61

sucede a diario es neutral, no tiene ningún significado, somos nosotros los que la interpretamos y generamos una emoción de esa interpretación.

Es común ver en los emprendedores cómo esas interpretaciones nacen de creencias, de sentirse que no son buenos en lo que hacen, que los errores son fracasos y que, si no se cumplen sus expectativas, es porque algo malo hay en ellos.

Las creencias se forman por medio de la familia, la escuela, la sociedad y la cultura. Se instalan en nosotros desde pequeños y se convierten en el filtro con el cual interpretamos todo lo que pasa en nuestra vida. La mayoría de nuestros miedos y limitaciones están basados en lo que conocemos como **creencias madres**. Estas son:

1. **No me lo merezco.** Creemos que no somos merecedores de las cosas buenas que nos suceden en la vida. Algunos pensamientos que se originan de esta creencia son: «Lo bueno es para los otros», «Esto es demasiado bueno para ser real» y «Algo malo va a pasar porque todo me ha salido muy bien».

2. **Equivocarse y cometer errores es malo.** Aprendemos que el «fracaso» es malo y crecemos con la creencia de mostrarnos perfectos ante el mundo. Los seres humanos aprendemos de todas las experiencias que vivimos, todas nos sirven y nos abren el camino para entender todo lo que pasará más adelante.

Sin embargo, con la creencia sobre la perfección, se originan pensamientos como «No puedo fallar», «Los otros no me pueden ver fallar», «No quiero parecer tonto», «Soy un fracaso», «Lo hice mal y he perdido la oportunidad».

3. **No soy suficiente.** Nacemos libres de creencias, pero estas se aferran a nosotros y nos moldean. Crecemos pensando que hacemos las cosas mal y esto nos hace sentir que no somos suficientes para nuestros padres, maestros, amigos, compañeros, jefes y para lograr nuestros sueños. Se originan pensamientos como «Hay algo mal en mí», «Debo ser diferente» y «Necesito a otros para ser feliz».

Estas creencias madres nos mantienen paralizados y son las que originan las demás creencias.

Muchos de los emprendedores tienen creencias como las siguientes:

- «No me aceptan».
- «No voy a poder».
- «Eso es muy difícil».
- «Nada es justo».
- «A mi edad no es posible».
- «Necesito algo fuera de mí para lograr lo que quiero».
- «No estoy completo, me falta».
- «Necesito que otros me apoyen».
- «Otros están en mi contra».
- «Tú sí puedes, pero yo no...».
- «Todo me sale mal».
- «Necesito seguridad».
- «No puedo fallar».

Si identificas algunas de estas creencias, sería bueno que te cuestionaras cómo te sentirías si no pudieses volver a creer eso de ti. ¿Quién serías tú sin esa creencia?, ¿qué harías si no tuvieras esa creencia?, **¿qué hubieras logrado si no tuvieras esa creencia?**

Las creencias se convierten en tu historia

Me tomó mucho tiempo darme cuenta cómo mis pensamientos se convertían en historias que poco tenían que ver con la realidad y que me llevaban del presente al pasado y al futuro. Creamos historias por una secuencia de pensamientos y creencias, historias que sentimos muy reales, se apegan a nosotros y nos confunden. Lo interesante es que muchas veces estas historias son dramáticas, casi como una telenovela.

Recuerdo que pasé mucho tiempo queriendo renunciar a mi trabajo y, aunque tenía el apoyo de mi esposo para comenzar con mi proyecto, la historia que se desarrollaba en mi mente era «Si renuncio no voy a tener dinero, nos quedaremos sin nada, no tendré para darle de comer a mis hijos y lo perderemos todo». Un día mientras dialogaba con mi esposo, me preguntó qué me

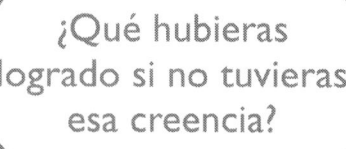
¿Qué hubieras logrado si no tuvieras esa creencia?

causaba tanto miedo y le conté mi historia. Al finalizar mi «telenovela dramática», me dijo: «Eso no va a pasar, pero vamos a meternos en tu novela y vamos a pensar que es cierto que nos quedamos sin dinero y no tenemos para comprar comida. Los dos tenemos familia, padres, hermanos, primos, tíos, abuelos y personas que, en un momento de mucha necesidad, estoy seguro de que nos compartirán un plato de comida para cada uno. ¿Todavía te crees tu cuento?».

Como persona emprendedora, estas historias aparecen cuando alguien te dice que no le gusta tu idea; cuando tu pareja no se involucra en tu proyecto; cuando te despiden del trabajo, cuando alguien se comporta de una manera diferente a la que pensabas; cuando no te contestan una llamada o cuando tu producto o servicio no se vende como tú esperabas. De esta manera, justificas el miedo, las excusas, las inseguridades, las preocupaciones, la frustración y la tristeza.

Al igual que yo, probablemente tú también creas esas historias y las aceptas como ciertas, sin cuestionarlas y sin enfrentarte a ellas. Para deshacerte de tus historias limitantes, debes comenzar por reconocer que estas se apegan a ti como si fueran tu realidad, y que has desarrollado historias para todo: historias de cómo debe ser la vida, de cómo debes comportarte, sobre qué debes hacer, de cómo debes ser como profesional, de cómo se deben comportar los demás, de cómo debes ser como emprendedor y así, sucesivamente, vas creando personajes que te mantienen muy lejos de quien eres en realidad y de tu esencia. Recuerdo muy claramente cómo viví mi vida con la historia, muy bien programada en mi mente, de que debía graduarme de la escuela, estudiar en la universidad, conseguir un trabajo, casarme, tener hijos, etcétera. Me presionaba mucho cuando pensaba que tenía que cumplir con todas mis responsabilidades: ser una buena profesional, ser una madre presente y no «abandonar a mis hijos», cuidar a mi esposo, ser responsable en el hogar y mantenerlo impecable. En el proceso no me daba cuenta de mi historia y cómo esta era formada por una programación que me cargaba, me hacía sentir culpable la mayor parte del tiempo, me hacía sentir que no era suficiente y que estaba fallando en todas las áreas de mi vida.

Muchas veces estas historias funcionan como mecanismos de defensa, mecanismos que utilizamos para protegernos y no enfrentarnos a una realidad que puede ser dolorosa. Aceptar la realidad —y no luchar ni pelearnos con ella— nos ayuda a desvanecer nuestras historias. Muchos de nosotros pensamos que tenemos el control de todo y de todos. Lo veo con frecuencia con los emprendedores y las personas que se me acercan que sufren pensando que las cosas deberían ser diferentes: «Mi esposo debería apoyarme», «La familia debería apoyarme», «La situación del país debería ser diferente», «El huracán, los terremotos y la pandemia no debieron haber ocurrido», «El banco debería prestarme el dinero».

💬 **La diferencia entre un emprendedor que logra alcanzar sus objetivos y otro que no, es precisamente que el primero no se detiene a pelear con lo que no puede cambiar.** Acepta la realidad y busca las maneras de trabajar con esa realidad. El segundo gasta sus energías luchando con esa realidad y se desgasta. El primero reconoce que aceptar la realidad es liberador.

Un ejercicio bien efectivo puede ser separar la situación de la interpretación. Pregunta: ¿Qué está pasando 💬 realmente? **La realidad es una y la realidad siempre es neutral.**

La mente preocupada

Las preocupaciones se alimentan de otras preocupaciones. Una vez se activa una preocupación en nuestra mente, esta última gira y gira provocando que se activen más preocupaciones. Por ejemplo, algunos emprendedores tienen la preocupación de que a las personas no les va a gustar su producto y no se venderá. Esta preocupación, que puede parecer normal e inocente, si no se detiene, va creciendo y se va alimentando de otras preocupaciones. «El producto no se venderá», «Voy a perder el dinero que invertí», «Voy a quedar mal con los suplidores», «Esto no va a funcionar», «Qué van a pensar mi familia y mis amistades», «Voy a quebrar»... Estas se van agrandando en una bola de nieve que no podemos parar.

Las preocupaciones son pensamientos que al momento sentimos que no podemos controlar y que bloquean nuestra capacidad de razonar. Cuando nos preocupamos, anticipamos lo que creemos que va a pasar. **Lo que ocurre es que, la mayoría de las veces, lo que anticipamos es fatal.** Esto tiene una explicación, nuestros antepasados necesitaban protegerse todo el tiempo de posibles ataques de otros pues vivían en un mundo bien amenazante. Hemos evolucionado, vivimos en un ambiente mucho más amigable y la mayoría de las veces la amenaza solo ocurre en nuestra mente. Pero la preocupación tiene una función bien importante: anticipar situaciones que pueden ocurrir. Son como un ensayo o un anticipo de lo que podría salir mal y nos ayudan a prepararnos para enfrentar esa situación de una manera adecuada y minimizar los riesgos posibles. El problema surge cuando las preocupaciones son repetitivas, te paralizan y no te proveen ninguna solución. Esto pasa frecuentemente con los emprendedores y puede generarles ansiedad.

> Lo que ocurre es que, la mayoría de las veces, lo que anticipamos es fatal.

Si no identificas tus preocupaciones, se pueden convertir en lo que conocemos en psicología como profecías autocumplidas, y te pueden llevar precisamente a esa situación que tanto te preocupa y que no quieres que te suceda. Por ejemplo, las personas que se preocupan demasiado solamente reflexionan sobre el peligro y lo negativo, y no en las soluciones. Además, cuando permites que una preocupación se repita una y otra vez en tu mente, sin cuestionarla, sin darte cuenta aumentas su poder de persuasión y terminas creyendo que es cierto. **La mente es bien poderosa y para ella todo lo que le dices es real. Si te dices que la cita que tendrás con el cliente no saldrá bien, ella responderá a tu petición y saldrá al mundo a demostrarte que tienes razón.**

¿Cómo puedes evitar que las preocupaciones se multipliquen?

1. Identifica el pensamiento preocupante, el que inició la preocupación.

2. Pregúntate:

- ¿Esto es real?

- ¿En realidad lo que temo puede suceder?

- Si es real, ¿cómo lo puedo enfrentar?

• ¿Qué recursos tengo para enfrentarlo?

• ¿Hay algo que puedo cambiar? (Recuerda que hay cosas que no podemos cambiar).

3. Pregúntate:

• ¿Qué gano preocupándome por eso?

• ¿Qué es lo peor que podría pasar?

• ¿Cuáles son las posibilidades de que lo que temo ocurra?

4. Cambia la manera en la que te anticipas a una situación temida. Descubre lo bueno que hay en ella y espera sus beneficios.

• ¿Existen pasos constructivos que puedo dar?

• ¿Realmente sirve de algo volver sobre este pensamiento preocupante una y otra vez? (Siempre me ha servido vivir un día a la vez, enfocada en el hoy).

Libérate de las preocupaciones: Habla con alguien que realmente te escuche; escribe sobre tus preocupaciones; anota algunas ideas sobre cómo enfrentarlas.

¿Cómo manejar la ira?

Muchos de nosotros reprimimos nuestras emociones y no mostramos lo que sentimos. Esto sucede porque no nos enseñaron a reconocer y manejar nuestras emociones y, además, crecimos escuchando frases como «No llores», «No te rías tan duro», «Sé fuerte», «No contestes»… y pensamos que, al expresar nuestras emociones, los demás nos pueden percibir como débiles. Sin embargo, una de las emociones que expresamos más libremente es la ira. Esta emoción se origina cuando encontramos un obstáculo y se siente como una sobrecarga de energía en nuestro cuerpo. En muchas ocasiones es bien visto por los demás y hasta se justifica que la persona muestre su ira y su falta de manejo de esta.

Y es que para los demás, una persona que muestra su ira es fuerte, se defiende de algo injusto, muestra su fortaleza, etcétera. Sin embargo, dejar salir nuestra **ira sin control** puede ser contraproducente porque nos aleja de quienes queremos ser y genera luego una cantidad de emociones con las cuales nos sentimos mal como la vergüenza y la culpa por lo que dijimos o hicimos bajo su dominio. En ese estado es más difícil regresar a la calma.

Muchas veces sentimos que tenemos razones para estar enfadados, pero la realidad es que, en su mayoría, las razones no son buenas. Esta es precisamente la trampa de nuestros pensamientos: pensamos que tenemos la razón y dejamos salir nuestra emoción sin control. Sin darnos cuenta, los seres humanos vivimos tratando de demostrar que tenemos la razón. Observa a tu alrededor las conversaciones de tus compañeros, familiares y amigos y verás cómo cada uno quiere demostrarle al otro o a los otros que tiene la razón. Observa las redes sociales y podrás reconocerlo inmediatamente.

💬 **Recuerda que las emociones psicológicas salen de nuestra interpretación de la situación.** Uno de los ejemplos más comunes es tomar las cosas de manera personal. En el camino del emprendimiento, nos topamos con muchas situaciones en las que no se cumplen nuestras expectativas, esto nos hace sentir frustrados y esa frustración nos lleva al coraje. Algunos ejemplos los vemos cuando nuestro cliente se molestó, cuando nuestro socio no cumplió con lo que le correspondía, cuando el producto no llegó a tiempo, cuando no contestaron el correo electrónico o cuando tenemos algunas experiencias por el estilo. Una persona que no puede discernir y por cada situación o experiencia siente coraje, vivirá interpretando cada situación como una buena razón para dejar salir toda su ira.

Una de las estrategias más efectivas para disminuir la ira y tomar el control de ella es ajustar o mover la situación dentro de un marco más positivo. Recuerda que todas las situaciones son neutrales y somos nosotros quienes las interpretamos, por lo tanto, tenemos muchas maneras de interpretar la misma situación. Para lograrlo es importante crear consciencia de los pensamientos que provocaron esa primera descarga de enojo.

Otra estrategia muy efectiva es ampliar tu información. Cuando obtienes más información de la situación original, tu enfado puede ir perdiendo fuerzas. Para demostrarlo se realizó un experimento con dos grupos de voluntarios a los cuales se les pidió realizar ejercicios físicos.

Recuerda que las emociones psicológicas salen de nuestra interpretación de la situación.

Estos serían dirigidos por un ayudante que trabajaba para el investigador, pero los participantes no lo sabían. Esta persona, al ofrecerles las instrucciones y dirigirlos en los ejercicios, los insultaba y trataba de provocarlos de distintas maneras. Cuando la actividad terminó,

los participantes debían evaluarlo. El primer grupo aprovechó la evaluación para descargar toda su ira y así las puntuaciones para el ayudante fueron muy bajas. En el segundo grupo, se incluyó una variante bien importante. Al finalizar los ejercicios, entró una mujer con las evaluaciones y, el ayudante que en ese momento salía, se despidió de ella de forma despectiva. Para sorpresa de todos, ella tomó sus palabras con buen humor y luego les explicó que su compañero estaba pasando por un mal momento, ya que debía tomar unos exámenes bien importantes. Esa pequeña información fue suficiente para que el enfado de los participantes disminuyera. Este grupo evalúo al ayudante mucho mejor que el primero.

Una estrategia sencilla, pero muy eficaz cuando sentimos ira es cambiar de ambiente. Nos puede resultar muy difícil continuar furiosos cuando estamos pasando un momento agradable. **Dejar salir toda la ira es una de las peores formas de calmarla.** Esas explosiones de ira pueden intensificar la excitación de la parte del cerebro encargada de las emociones y dejar a la persona aún más enfurecida. Mucho más efectivo puede ser calmarse y, luego, en un estado de ánimo más constructivo, acercarse a la persona para resolver la situación.

Conoce la tristeza

En el cuestionario realizado al comenzar mi proyecto de Emprendimiento Emocional™ descubrí que muchas personas identificaban la frustración y la tristeza como emociones secundarias que nacen de la emoción original que es el miedo: «Siento miedo, este miedo me paraliza, no arranco con mi proyecto, el no arrancar me hace sentir frustración y con el tiempo esa frustración se va convirtiendo en tristeza». Muchas personas pasan años con el deseo de abandonar sus trabajos y emprender con un proyecto que les brinde más satisfacción al hacer lo que verdaderamente aman, manejar su tiempo con mayor libertad y disfrutar de la vida y de su familia.

Esta tristeza muchas veces se origina en los pensamientos como *Otros sí pueden y yo no puedo; No soy bueno para esto; No soy suficiente; Si otros lo hacen es que son valientes, y yo soy un cobarde*. La tristeza es la única emoción que, por lo general, las personas se esfuerzan más en superar. Tenemos más inventiva cuando se trata de liberarnos de ella. Pero lo más interesante de esta emoción es que provoca en nosotros que nos retiremos y nos apartemos de las actividades de la vida con el fin de tener un espacio a solas para reflexionar y pensar sobre lo que nos sucede, llorar y, si es necesario, hacer los ajustes psicológicos y emocionales que nos permitan continuar con nuestra vida. Algunas estrategias para manejar la tristeza pueden ser el humor, cambiar de ambiente y la socialización: salir a comer, ir a ver alguna película o hacer algo con nuestros amigos o la familia. Las mejores distracciones son las que nos ayudan a cambiar nuestro estado de ánimo.

Las emociones se sienten, los pensamientos se cuestionan

Los seres humanos, en muchas ocasiones, nos resistimos a sentir. Me ha pasado que en «mentorías» individuales me han preguntado: «Doctora, ¿cuándo voy a dejar de sentir miedo?» o «¿Siempre sentiré emociones?». Aunque la contestación parece obvia, para muchos no lo es. Las emociones son una parte natural del ser humano. Siempre vamos a sentirlas no importa cuán emocionalmente inteligente o experto seas. Las emociones están ahí para protegernos, avisarnos, movernos, paralizarnos y siempre van a estar. Sin embargo, hemos creído que necesitamos eliminarlas y dejar de sentirlas para estar bien. Las emociones se sienten, no se cuestionan. Se les da paso, se les permiten llegar y experimentarlas. Lo que sí vamos a cuestionar son nuestros pensamientos, pues son los que originan nuestras emociones.

Muchas personas cuando tienen pensamientos que les están generando emociones que no les agradan, lo que hacen es obligarse a pensar en el pensamiento opuesto esperando tener una emoción opuesta. Por ejemplo, si pienso que me va a ir mal en una presentación de mi proyecto, pues ahora pienso lo contrario, que me va a ir bien. Con esta pequeña trampa lo que hacemos es ponerle una «curita» a ese pensamiento, pero, en el fondo, es lo que realmente creemos. **Los pensamientos se cuestionan no para dormirlos, sino para indagar en ellos y deshacerlos.**

El proceso de indagar los pensamientos para deshacerlos es un proceso sencillo, pero muy profundo que puede generar grandes cambios en la manera en que vemos el mundo, vivimos, actuamos, pensamos y nos relacionamos con otros. Cuando indagamos, descubrimos que los conceptos

> Las emociones se sienten, los pensamientos se cuestionan.

y juicios en los que creemos o que damos por sentado son distorsiones de la realidad. Cuando le creemos a nuestros pensamientos, en lugar de ver la realidad o ver cómo realmente son las cosas, sentimos lo que se llama «desasosiego emocional» que conocemos como «sufrimiento». Sentir dolor por una situación es normal, pero el sufrimiento es una alarma que nos alerta que le estamos creyendo a un pensamiento que no es cierto.

La mayoría de las personas cree que «es» lo que sus pensamientos dicen que es. Si te das la oportunidad de indagar en ellos, verás que muchos no te definen, no son ciertos ni se acercan al ser humano que tú eres en realidad. Para poder emprender emocionalmente necesitas identificar cuáles son esos pensamientos que te han convertido, sin querer, en la persona que no quieres ser y que por mucho tiempo te han estancado.

Byron Katie, autora del libro *Amar lo que es*, creó El Trabajo, una metodología de cuatro preguntas para indagar y cuestionar nuestros pensamientos, que es utilizada en todo el mundo. ¿Eso es verdad? ¿Tienes la absoluta certeza de que eso es verdad? ¿Cómo reaccionas cuando tienes ese pensamiento? ¿Quién serías sin ese pensamiento?

¿Cómo puedes aplicar estas preguntas? Cuando tengas un pensamiento que te está inquietando, generando ansiedad y preocupación, pregúntate: «¿Esto que estoy pensando es verdad?». Tómate el tiempo y descubre qué es verdad en lo más profundo de tu interior. Sé amable y permite que esta verdad difiera de tu pensamiento. Generalmente, las personas contestan «Sí, es verdad». Esto sucede porque para nosotros nuestros pensamientos son ciertos, son nuestra realidad. Vamos a tomar como ejemplo el pensamiento *todo me sale mal*. Sin darnos cuenta, este pensamiento nos hace sentir que no somos suficientes, que algo está mal en nosotros que nos puede generar vergüenza y miedo. Pero, si te pregunto: «¿Es verdad que todo te sale mal?». Probablemente me digas «Sí, porque ayer se me explotó una goma y hoy no pude llegar a una presentación de mi proyecto». No existen respuestas correctas o incorrectas, lo importante es que te permitas escuchar las respuestas que salen de tu interior.

1. Casi siempre tu contestación a la primera pregunta es «sí» porque para ti parece verdad porque has vivido de acuerdo con una serie de creencias conscientes o inconscientes que no has cuestionado. Si te mantienes pensando que ese pensamiento es verdad, entonces, debes indagar un poco más y hacerte la próxima pregunta: **¿Es absolutamente cierto?** Por ejemplo, puedes ver que la goma se explotó, que no llegaste a tiempo a una presentación y tienes algún pensamiento como *todo me sale mal, se me arruinó el día, esto es una señal de que no debo hacer lo que iba a hacer.* En este momento es buenísimo buscar al menos tres ejemplos en que las cosas te hayan salido bien. Verás que puedes identificar muchísimos más.

2. Lo próximo es hacer una lista de cómo reaccionas ante ese pensamiento inicial. ¿Cómo te sientes físicamente?, ¿cómo te tratas a ti mismo?, ¿cuál es tu conversación contigo? ¿cómo tratas a los demás cuando te sientes así?, ¿qué haces específicamente?

Por ejemplo: cuando yo pienso que *todo me sale mal*, me siento incómoda, tensa, frustrada y me comporto de una manera irritable con los demás. Antes del pensamiento *todo me sale mal*, me siento bien, pero cuando llega ese pensamiento, me siento mal. ¿Puedes ver el efecto de tu pensamiento en ti?

3. Ahora cierra los ojos e imagina cómo sería tu vida sin ese pensamiento. ¿Cómo te sientes sin esa historia?, ¿puedes ver que la realidad no ha cambiado?, ¿qué fue lo que pasó? Lo que cambió es que elegiste otro pensamiento. La mayoría de las personas dice sentirse liberada al contestar esta pregunta. Te invito a hacer una lista de las cosas que podrías hacer en tu vida si ya no pudieras volver a pensar que *todo me sale mal*. Sin ese pensamiento o esa historia, no solo eres capaz de actuar con eficiencia, sino que también actuarás sin miedo.

Muchas veces cuando nos sentimos estancados con nuestros proyectos, cuestionamos nuestras ideas, nuestros planes e incluso abandonamos ese sueño. Para salir de ese estancamiento que nos produce el miedo tenemos que comenzar con nosotros. Si indagamos

Comienza a trabajar con lo que sí tienes control, con tu interior.

en nuestro interior, descubriremos pensamientos que nos destruyen. **Comienza a trabajar con lo que sí tienes control, con tu interior.** Solo así podrás convertirte en un emprendedor emocional.

Honestidad emocional

La mayoría de nosotros pensamos que ser honesto es como un juego. Creemos que se trata de poner buena cara, decir la verdad, ser correcto, corregir algo que hicimos mal o confesar una verdad. Sin embargo, ser honesto emocionalmente tiene que ver con poner atención a tu corazón y ser congruente con lo que sientes; requiere que escuches tus sentimientos. Ser honesto emocionalmente es prestar atención a lo que tu corazón te dice que es verdad. Se trata de dejar a un lado los pensamientos que provienen de creencias, programación y exigencias. Son estos pensamientos los que evitan que vivas con honestidad emocional, pues impiden que conectes con tu voz verdadera que es la de la intuición.

La intuición —esa voz interior que algunos le llaman sexto sentido— se va construyendo en nosotros a lo largo de nuestra vida. Según vamos creciendo, comenzamos a darle más valor a la parte racional que tiene que ver con nuestros pensamientos y perdemos conexión con esa sabiduría interior que todos tenemos. La voz racional es la que viene de nuestro ego, es esa voz que nos provoca preocupaciones, nos hace sentir inseguros o nos causa miedo. La voz de la intuición viene del amor. Cuando la escuchas y te alineas con ella, experimentas una sensación de paz, seguridad, confianza, valentía, aceptación y buena voluntad. En mi experiencia como mentora emocional puedo ver que la mayoría de las personas sabe lo que quiere, pero les hace más caso a sus pensamientos que a su verdadera sabiduría: **su intuición, que está íntimamente relacionada con la inteligencia emocional y puede ser de inmenso valor para el éxito.**

Compartiré contigo algunas preguntas que te ayudarán a identificar y desarrollar tu honestidad emocional:

1. ¿Eres honesto contigo mismo? – Se trata de vivir congruentemente con lo que sientes, dices y haces; cumplir tu palabra.

2. ¿Culpas a otros o culpas a las circunstancias por tus problemas?

3. ¿Es honestidad emocional, la que sale del corazón? – Reconoces lo que sientes e intentas vivir en congruencia con tus emociones.

4. ¿Con qué frecuencia prefieres la «armonía de quedar bien» a la verdad?, ¿cuántas veces te fallas a ti por quedar bien?

5. ¿Tienes el hábito de disimular tus sentimientos o reprimirlos «por el bien de los demás» aunque la intuición te diga que no lo hagas? — Reprimes lo que sientes por lo que piensen o digan los demás.

6. ¿Cuántas veces te has arrepentido por haber guardado silencio cuando tuviste una idea o pensamiento?

7. ¿Qué te impidió hablar? Si hubieses hablado, ¿qué sería diferente? – ¿Cuántas veces no has seguido tu intuición, has permanecido en silencio y otros han tomado decisiones por ti?

8. Haz una lista de las personas más excepcionales que has conocido en tu vida. ¿Qué las hace excepcionales?

Ejercicio:
Domina tus pensamientos

Identifica situaciones o pensamientos fugaces que te activan la preocupación. ¿Qué imagen o imágenes vienen a tu mente? Con la práctica, se identifican cada vez más rápido.

Situación 1:

_____

_____

_____

_____

_____

_____

Situación 2:

_____

_____

_____

_____

_____

Situación 3:

¿Cómo deshacer pensamientos?

1. Identifica cada uno de los pensamientos que aparecen en tu mente cuando te imaginas emprendiendo tu proyecto de vida.

----

2. Selecciona un pensamiento y contesta las preguntas:

   a. ¿Esto que estoy pensando es cierto?

----

b. ¿Es definitivamente cierto?

c. ¿Qué ocurre cuando te crees ese pensamiento?, ¿experimentas ira, tensión, frustración?

d. ¿Cómo tratas a los otros?, ¿intentas cambiarlos de alguna forma?

e. ¿Cómo te tratas a ti mismo?

f. Este pensamiento, ¿trae tensión o paz a tu vida?

g. Imagina que ese pensamiento no existe, ¿qué ves?

h. Si no tuvieras ese pensamiento, ¿quién serías contigo?, ¿con el otro?, ¿y con el mundo?

Paso 3:
Descubre el gran motivador para el emprendedor

> «Si esperamos a sentirnos alegres y contentos
> para hacer las cosas, no las haríamos
> o las dejaríamos a mitad».

La motivación ha sido por mucho tiempo uno de los temas más trabajados y de los que más se habla en el mundo laboral y empresarial. La mayoría de los líderes piensa que el problema de su empresa tiene que ver con motivación. Se ha hablado tanto de este tema que ha perdido, en mi opinión, la importancia que tiene y su verdadero significado. Mi experiencia con el tema de la motivación en los últimos años es que la gente se refiere a ella como si fuera una emoción, específicamente, la alegría. En ocasiones, mis hijos o mis estudiantes me han dicho «No me siento motivado hoy», pero igual se levantaron, cumplieron con sus tareas, fueron a la universidad y se relacionaron con sus amigos. La experiencia ha sido igual en las empresas en donde he ofrecido consultoría: algunos empleados me dicen que no están motivados, pero van a su trabajo, cumplen con sus proyectos, asisten a sus reuniones y su desempeño es excelente.

La palabra «motivación», al igual que «emoción», significa movimiento. La motivación es lo que te mueve o impulsa a actuar para conseguir un objetivo. Si observamos los ejemplos del párrafo anterior, vemos que estas personas sí estaban motivadas. Lo que expresaban realmente era que no estaban alegres. Ese día no se levantaron contentos para ir a trabajar o a la universidad y eso los hace pensar que no están motivados. Nada más lejos de la realidad. Aunque no se sentían contentos, su compromiso fue más fuerte y los movió a hacerlo.

Si esperamos a sentirnos alegres y contentos para hacer las cosas, no las haríamos o las dejaríamos a mitad. Tu emprendimiento no puede depender de tu estado de ánimo.

Cuando una persona con poca o ninguna motivación no logra sus objetivos, lo más probable es que abandone su proyecto, no corra riesgos, se le haga muy difícil tomar decisiones, se sienta más ansiosa, estará más enfocada en las amenazas y no podrá ver oportunidades. Cuando una persona motivada no logra un objetivo y siente coraje y frustración, al contrario de la persona desmotivada, esta moverá la energía y centrará su atención en el esfuerzo necesario para superar los obstáculos y alcanzar la meta.

> Tu emprendimiento no puede depender de tu estado de ánimo.

La motivación está estrechamente relacionada al compromiso. Cuando te sientes comprometido con algo, haces lo que tengas que hacer para que las cosas se den. No importa en qué área de tu vida esté tu compromiso, con tu familia, tu trabajo, tu proyecto o negocio, harás lo que tengas que hacer para que las cosas funcionen y se logren los objetivos.

Cuando lo que te genera esa motivación viene del exterior, se conoce como motivación extrínseca. Lo que te motiva está fuera de ti. Por ejemplo, puede ser el dinero, el comprar una casa, el ser reconocido por los demás o tener un negocio. Por otro lado, la motivación también puede ser intrínseca o venir del interior: puede ser tu deseo de superación, la satisfacción de ayudar a los demás, amar lo que haces o la sensación de que podrías estar realizando ese proyecto o trabajo, aunque no recibas dinero por ello.

Una de las teorías de motivación más importante y reconocida es la jerarquía de necesidades de Abraham Maslow. Esta teoría establece que lo que motiva al ser humano es satisfacer sus necesidades. Entre esas necesidades se encuentran las **fisiológicas** como comer, dormir o la sexualidad; la **seguridad** como tener una casa o un trabajo; la social que es el pertenecer a un grupo y tener relaciones con los demás; la **estima** que tiene que ver con el amor propio y la **autorrealización** que se logra cuando el ser humano se siente pleno y satisfecho con lo que ha logrado.

El psicólogo David McClelland, por su parte, desarrolló los tres motivadores principales de los seres humanos. El primero es la necesidad de poder. El beneficio es que la persona siente satisfacción al influir en los demás positivamente o en favor del bien común. El segundo es la necesidad de afiliación con la cual se siente satisfacción al estar con otras personas, al tener un sentido de pertenencia y colaborar con los demás. Se benefician de trabajar en grupos y se motivan al pensar lo bien que se sentirá todo el mundo cuando se alcance ese objetivo. El tercero es la necesidad de logro que es la satisfacción de alcanzar un objetivo. Se caracteriza por el esfuerzo por mejorar, el deseo de aprender y se enfoca en tener mejores resultados. Los emprendedores exitosos tienen una alta motivación al logro. Tienen habilidad para correr riesgos. Puede que hagan cosas que a los ojos de los demás parezcan peligrosas. Investigan adecuadamente y poseen la información necesaria. Pueden sobreponerse a situaciones inesperadas.

Perfeccionismo: enemigo de la automotivación

Una constante con las personas que desean emprender en su desarrollo o crecimiento personal, en su carrera profesional y con un negocio es que a la mayoría de ellas se les va la vida mientras esperan a ser «perfectas» o a hacerlo todo «perfecto». Queremos ser los seres humanos, padres, hermanos, hijos y amigos «perfectos».

En nuestros trabajos y carrera profesional queremos ser vistos y evaluados de manera «perfecta». Cuando estamos desarrollando nuestras ideas de proyectos o negocios, no queremos arrancar hasta tenerlo todo «perfecto» y si nos lanzamos, queremos que los demás nos vean «perfectos».

Por mucho tiempo viví desde ese lugar. Pensaba que debía ser perfecta ante mi familia y, sobre todo, ante mis hijos, en mi trabajo... y cuando comencé a desarrollar mi proyecto, caí en la trampa de pensar que debía tener todo «perfecto». Esto nos pasa a la mayoría de nosotros ya que, de alguna manera, la academia y el mundo laboral premian el perfeccionismo. En la escuela y universidades se premia la asistencia «perfecta», el trabajo «perfecto» y el promedio «perfecto». Y en el mundo laboral se premia la evaluación «perfecta», la «perfecta» puntualidad y siempre el empleado destacado es el que más se acerca a la famosa perfección. Crecemos como estudiantes y profesionales enfocados en alcanzar esa perfección y nos convertimos en perfeccionistas.

Los perfeccionistas, en la mayoría de las ocasiones, se fijan solo en lo que podrían haber hecho mejor y no en lo que han hecho bien. De modo que hasta pudieran estar 110% por encima de los demás, pero, comoquiera aspiran a más. Lo interesante es que esta conducta desgasta y consume a las personas, ya que tiene un costo muy alto en la salud física, emocional y mental. La perfección agota, es inalcanzable y está relacionada con la percepción. Los emprendedores que he tenido en «mentorías» que tienen un alto grado de perfeccionismo, han sufrido las consecuencias en su vida personal, no tienen tiempo para disfrutar, sufren de mucho estrés y viven frustrados buscando aprobación y aceptación.

Si analizamos el tema del perfeccionismo desde una visión más profunda, de algún modo implica la certeza de que, si logramos vivir de una manera perfecta, nos presentamos ante el mundo con una apariencia perfecta y nos comportamos de manera perfecta, evitamos el juicio y la vergüenza. Brené Brown, doctora en Trabajo Social, autora, e investigadora de este tema en la Universidad de Houston, explica que la vergüenza es el lugar en donde nace el perfeccionismo. Por lo tanto, el perfeccionismo es ese escudo, muy pesado, que arrastramos creyendo que nos protege, cuando la realidad es que nos impide emprender.

> El perfeccionismo no te permite lograr tus metas, sueños y alcanzar el éxito que tanto anhelas.

El perfeccionismo no te permite lograr tus metas, sueños y alcanzar el éxito que tanto anhelas. Los emprendedores que son perfeccionistas pierden muchas oportunidades porque temen mostrarse al mundo y abandonan sus sueños por el miedo a fracasar, a cometer errores y decepcionar a los demás, aparte de que el riesgo les causa mucho temor. Este tema es muy profundo, ya que crecemos con la creencia de que los seres humanos somos imperfectos y aunque la intención detrás de esa creencia puede ser desarrollar seres que vivan desde la humildad, la verdad es que, en el fondo, nadie quiere ser imperfecto, así que pasamos la vida en la búsqueda de la perfección, esa búsqueda nos hace vivir pensando que nos falta algo y que no estamos completos. Te sugiero cambiar esa creencia por una que no tenga tanto peso. Me funciona creer que somos perfectos como somos y que nuestro trabajo, en lugar de esa búsqueda externa, es volver hacia nosotros mismos para ir revelando ese ser grande que somos y que no logramos ver porque le creemos más a nuestros juicios y a nuestros pensamientos.

El gran motivador del emprendedor

Una de las grandes interrogantes que siempre provoca discusiones es precisamente cómo motivarnos. A lo largo de mis años de estudio de la Psicología y la Inteligencia Emocional, he encontrado muchas contestaciones a esta pregunta, la mayoría de ellas basada en investigaciones. Y aunque algunas respuestas son diferentes, he encontrado un común denominador: el optimismo.

Según la Real Academia Española, el «optimismo» es la propensión para ver y juzgar las cosas en su aspecto más favorable. A diferencia de lo que piensan muchos, el optimismo no es tener pensamientos positivos. Para la psicología positiva, –que estudia las bases del bienestar psicológico, de la felicidad y los factores que contribuyen a una vida plena– el optimismo está muy relacionado con la responsabilidad que asumimos o no asumimos ante lo que nos ocurre. Esto quiere decir que el optimista se hace responsable de aquello que le sucede y se cuestiona qué es lo que puede hacer para mejorar o cambiar una situación. Por otro lado, el pesimista se siente impotente frente al mundo y frente a sí mismo. Vive esperando que sus circunstancias externas cambien, se siente ajeno a ellas y no se ve como responsable de su vida, a diferencia del optimista que sabe que es la causa y el responsable de lo que ocurre en su vida.

En términos emocionales, el optimista puede encontrar el lado positivo de sí mismo, de los demás y de la realidad. Es perseverante y se mueve por toda la gama de las emociones sin reprimirlas. El pesimista vive en la culpa, vergüenza, impotencia y piensa que él ni su realidad pueden cambiar. Ser optimista, al abrigar esperanzas, significa tener grandes expectativas de que, en general, las cosas saldrán bien en la vida a pesar de los contratiempos y las frustraciones.

Desde la perspectiva de la inteligencia emocional, el optimismo es una actitud que evita que la gente caiga en la apatía, la desesperanza o la depresión ante los momentos de adversidad. Las personas optimistas consideran que el fracaso se debe a algo que debe ser modificado de manera tal que logren el éxito en la siguiente oportunidad, mientras los pesimistas asumen la culpa del fracaso, adjudicando a alguna característica permanente que son incapaces de cambiar.

¿Cómo seguir adelante, aunque sientas frustración?

El tema de la frustración es recurrente en mis seminarios y «mentorías» individuales y grupales de Emprendimiento Emocional™. Y es que muchos emprendedores expresan que la experimentan como consecuencia del estancamiento, pues llevan mucho tiempo con la idea de un proyecto que no comienzan por miedo y es ese miedo el que los paraliza y los hace sentir estancados.

La frustración es una respuesta emocional que surge cuando no cumplimos nuestros proyectos, expectativas o metas. Es una mezcla de ansiedad, angustia, impotencia, tristeza o enojo que nace en nuestro interior. Según las investigaciones de Goleman, entre los objetivos más comunes que pueden generar frustración se encuentra el emprender un negocio. Y es que la poca tolerancia a la frustración provoca que, ante cualquier incomodidad, nos desmotivemos y abandonemos nuestras metas o proyecto, y que nuestros deseos pierdan importancia. Es vital que el emprendedor desarrolle la habilidad de manejar la frustración, ya que su dominio es esencial para alcanzar el éxito.

La frustración forma parte de la vida, por lo tanto, resulta beneficioso aprender a relacionarnos con ella y a gestionarla de forma adecuada. No es hasta que aprendemos a manejarla, que nuestro día a día resulta mucho más pleno y podemos enfocar toda nuestra energía en resolver y superar las dificultades que se nos presentan.

El primer paso que nos ayuda a manejar la frustración es la aceptación. Las emociones las aceptamos o las sufrimos. Cuando aceptamos la frustración, la reconocemos y esto, lejos de convertirnos en una persona débil o frágil, hace que la emoción fluya con naturalidad. Si decidimos sufrirla, nos pasaremos horas, días o meses sintiéndonos mal, tristes, desmotivados y preguntándonos por qué no podemos ser felices como otras personas.

Luchar con la realidad hace que la frustración aumente porque, como dice Byron Katie: «Cuando luchamos con la realidad perdemos, pero solo el 100% de las veces». Cuando resistimos la realidad, nos sentimos tristes y también podemos sentir ansiedad. Por otro lado, el dedicar tanta energía a resistir esa realidad no va a cambiarla, por el contrario, el aceptar lo que no podemos cambiar nos permite relajarnos y disfrutar de aquello que sí tenemos hoy.

El segundo paso es la automotivación, que es la habilidad de orientarnos hacia nuestras metas, de recuperarnos de los contratiempos y enfocar nuestros recursos personales en una meta, en un objetivo. El compromiso es una parte esencial de la automotivación. Cuando estoy comprometido con algo voy a hacer lo que tenga que hacer para que las cosas se den. Si me siento comprometido con mi pareja, voy a hacer lo que tenga que hacer por mi relación; si me siento comprometido con mi proyecto, voy a hacer lo que tenga que hacer para lograr los objetivos y los resultados que deseo alcanzar. El compromiso tiene que ver con esa emoción

> Las emociones las aceptamos o las sufrimos.

intrínseca (interna) que va a permanecer no importa lo que pase afuera. A veces escucho emprendedores decir «Todo me sale mal» o «No soy bueno para esto». Aunque estas expresiones las escuchamos constantemente y muestran frustración, lo cierto es que el lenguaje, las palabras que escogemos a diario para expresarnos marcan nuestros estados de ánimo y movilizan nuestras emociones. Elimina palabras como «nunca», «siempre», «todo» o «nada».

El tercer paso es el optimismo. Cuando somos optimistas tenemos grandes expectativas de que las cosas saldrán bien a pesar de las situaciones que se puedan presentar en el camino. El optimista no cree que TODO saldrá perfectamente bien, sino que es consciente de que las cosas que pueden salir como esperaba también pueden salir contrario a como esperaba, sin embargo, tiene la certeza de que va a poder manejar cualquier situación, que nada será más grande que él. La persona optimista no se considera el motivo del fracaso, piensa que se debe a algún factor externo y busca nuevas estrategias para mejorarlo o arreglarlo. La persona pesimista, por el contrario, se desespera y, en muchos casos, abandona su proyecto; el optimista tiene esperanzas de que las cosas van a estar bien. La esperanza es clave en el desarrollo de la inteligencia emocional.

¿Qué te aleja de tu emprendimiento?

La mayoría de los emprendedores cuando llega a mis «mentorías» o seminarios es porque lleva mucho tiempo, hasta años, con el sueño de comenzar un nuevo proyecto. Anhelan cambiar la vida que tienen, dejar su trabajo, dedicarse a lo que realmente les apasiona y colocarse primeros en su lista de prioridades. Tienen un sueño, una idea de un proyecto, algunos han desarrollado sus modelos de negocio, otros han identificado recursos económicos, otros ya han comenzado, pero sienten que algo los detiene y no lo pueden controlar. Tienen la sensación de que el mundo gira mientras ellos se encuentran estancados en el mismo lugar y se alejan cada vez más de ese sueño.

Sé perfectamente lo que sienten pues a mi también me pasó. Mi mente soñaba, pero mi cuerpo no se movía a hacer lo que quería hacer. Aparecían las dudas, los miedos, las preocupaciones y las inseguridades. Fue tan fuerte que llegó un momento en el que rezaba para que me despidieran de mi trabajo. Aunque tenía el apoyo de mi esposo para renunciar a mi trabajo, no me atrevía a hacerlo. Tenía la creencia de tener un trabajo seguro y era una locura dejarlo y, sin darme cuenta, me alejaba de mi proyecto.

Lo que te aleja de tu emprendimiento está en tu mente. Nada fuera de ti te aleja ni es responsable de que no arranques con tu proyecto. **Tú siempre tienes el poder, no el control, pero sí el poder. No importa cuán difícil sea lo que te esté pasando, siempre tienes el poder de elegir quién vas a ser frente a cada situación.** Es la diferencia entre el emprendedor que arranca y el que se mantienen estancado. Así que deja de buscar afuera y enfócate en ti.

¡Haz esto para que arranques!

Primero: créetelo, ya eres eso que tanto deseas. Lo que te paraliza son las creencias que tienes sobre quién eres y sobre tu realidad. Nadie tiene el poder de alejarte de lo que quieres, solo tú. Deja de culpar a los demás, ellos no tienen ese poder: solamente tú decides si se lo das.

Segundo: siente ese sueño o proyecto como si fuera real. Visualízate viviéndolo en el presente, escribe cómo lo sientes. Empieza a vivir tu vida desde esa emoción que sientes al haberlo logrado. Actúa como si ya lo hubieras logrado. A esto se le llama el poder de la manifestación. Compórtate como todo un triunfador, con confianza y contesta las siguientes preguntas:

- ¿Cómo es tu vida en este momento y cuál es la vida que quieres?

- Identifica los pensamientos, palabras y acciones que te mantienen alineado con eso que quieres.

- ¿Eres esa persona que quieres ser en todas las áreas de tu vida?

Tercero: el poder de la palabra. A veces pensamos que las palabras no tienen ningún peso o significado. No nos damos cuenta de que

> Nuestra mente es tan poderosa que va a salir a la calle a corroborar que eso que nosotros estamos diciendo es cierto.

son nuestras palabras las que generalmente cambian nuestro estado de ánimo. A veces nos sentimos tristes, decepcionados o frustrados frente alguna situación y lo que nos llevó a ese sentimiento fue precisamente la palabra que escogimos para describir o definir esa situación. Pensamos en palabras y, en ocasiones, esas palabras tienen mucho peso emocional, por ejemplo, como ocurre con las expresiones «Esto es terrible», «La situación está difícil», «Esto es una crisis», «Estoy deprimido» o una que utilizamos mucho en Puerto Rico «La cosa está mala». **Nuestra mente es tan poderosa que va a salir a la calle a corroborar que eso que nosotros estamos diciendo es cierto.** Así que nuestra mente funcionará como un radar y lo único que verá son las situaciones que demuestren que «La cosa está mala». Durante el día, puedes pasar frente a muchas personas y situaciones que te demuestren que las cosas están bien, pero no vas a poder verlas.

Lo mismo ocurre a la inversa: si usas expresiones como «Todo va a salir bien», «Dondequiera encuentro oportunidades», «Todo es posible», «Siempre hay maneras de hacerlo», «Existen los recursos», «Siempre hay opciones», «Hay personas que me quieren ayudar, que quieren colaborar», tu mente va a funcionar como un radar y buscará la evidencia de que todo eso es cierto. Usa las palabras y la mente a tu favor.

Te recomiendo que examines tu lenguaje y elimines las palabras que te limitan como «pero», «nunca», «difícil», «fracaso», «siempre», «traición», «no puedo», «imposible», «debería», «tengo», y evita clasificar las cosas como buenas o malas.

Cuarto: cuestiona tus miedos. La mayoría de las veces queremos hacer algo, pero solo pensamos en todas las razones por las cuales no somos capaces de hacerlo: *No sé nada de mercadeo, Cómo voy a manejar el dinero, No sé suficiente de tecnología, No soy tan bueno, entre otras.* Estos pensamientos generan emoción: el miedo. Lo más interesante es que son las emociones las que sirven de pegamento a nuestros pensamientos. Es como un círculo que ocurre de esta manera: aparece el pensamiento, y ese pensamiento genera en ti una emoción, y esa emoción hace que el pensamiento se pegue, y lo más probable es que cada vez que tengas el pensamiento, sientas la emoción. Hasta que no indagues tus pensamientos para deshacerlos, estos aparecerán todos los días y traerán consigo la emoción. Por ejemplo, a veces vienen a nuestra mente recuerdos de experiencias que, aunque ya pasaron, sentimos la emoción como si estuviéramos viviéndola nuevamente.

Quinto: reconoce cuándo necesitas ayuda. Todos hemos necesitado ayuda. Sin embargo, hemos aprendido por medio de la sociedad y la cultura que las personas que piden ayuda son débiles, no tienen la fortaleza que se necesita para manejar distintas situaciones y, peor aún, que están «locas». En distintas etapas de mi vida he buscado ayuda, cuando no me he podido comunicar adecuadamente con mis hijos, en etapas de mi relación de pareja y cuando he sentido que no tengo las destrezas para manejar distintos asuntos como mujer, madre, profesional y esposa. Para mí ha sido liberador poder conversar con otra persona desde la vulnerabilidad, reconociendo que esa persona no te conoce, es neutral, no te juzgará y te brindará herramientas para que te sientas mejor. **Y no, no es debilidad, es ser humano.** Los pensamientos, las creencias no son permanentes y en este proceso necesitamos trabajar con eso que hemos pensado y creído durante años.

Cuando sientas que no sabes cómo manejar alguna situación, te invito a usar esta pregunta como herramienta: «¿Qué necesito aprender y con quién puedo conversar?». Esta reflexión te ayudará a ver nuevas posibilidades.

Ejercicio:
Descubre el gran motivador del emprendedor

1. Escribe el nombre de tres personas a las que consideras excepcionales. Describe las cualidades que los convierten en personas excepcionales.

2. Haz una lista de todas las cosas que debes hacer para comenzar a ver resultados. Identifica al lado, la emoción que te provoca esta actividad. De esta manera, sabrás qué actividades te cuestan más y por qué esa actividad te provoca esa emoción.

3. ¿Cuál es tu proyecto, meta o sueño?

4. ¿Qué quieres aportar con tu proyecto y quiénes se pueden beneficiar?

5. Si estás diciendo «sí» a esta oportunidad, ¿a qué le estás diciendo «no» para poder aceptarla?

6. ¿Qué nuevas demandas traerá esta decisión?

7. ¿Cuál es el tiempo límite para obtener resultados?

8. ¿Qué otras acciones se necesitan completar antes de comenzar?

9. ¿Cuál es tu reto más grande en este momento?

Paso 4:

Aprende a interpretar los sentimientos de los demás

Relacionarnos efectivamente con los demás e interpretar sus sentimientos es una habilidad que podemos desarrollar. Howard Gardner, profesor de Psicología en la Universidad de Harvard, desarrolló un modelo que establece que hay muchos tipos de inteligencias. La inteligencia se define como la capacidad de entender el mundo, pensar racionalmente (haciendo uso de la evaluación y el análisis) y usar eficazmente los recursos que posees al enfrentar retos. Para Gardner, «La inteligencia es la capacidad de resolver problemas cotidianos, de generar nuevos problemas, de crear productos o de ofrecer servicios dentro del propio ámbito cultural». Si, en su diario vivir, el ser humano tiene distintos problemas, situaciones o retos, también posee distintos tipos de inteligencia para enfrentarse a cada uno de ellos, de diferentes maneras. En su modelo, Gardner y sus colaboradores en la Universidad de Harvard, han identificado ocho tipos de inteligencias, aunque señala que nunca existirá una sola lista ni un número concluyente de inteligencias humanas. Las que él señala en su modelo son las siguientes: lingüística, musical, lógico-matemática, espacial, corporal, intrapersonal, interpersonal y naturalista.

Lo que hemos estado desarrollando hasta el momento en este libro está estrechamente relacionado a la **inteligencia intrapersonal**. Los primeros tres capítulos se enfocan en la consciencia de uno mismo, conocimiento e identificación de nuestras emociones, manejo emocional y motivación individual. Todo esto tiene que ver con el trabajo, desarrollo y crecimiento individual.

En este capítulo, pondré especial interés en la **inteligencia interpersonal** que es básicamente la capacidad de entender y trabajar con los demás. Esto incluye la habilidad de comprender a los demás, poder expresarte con claridad, establecer límites adecuados, comunicarte de manera adecuada, inspirar a los demás, resolver situaciones con los demás, trabajar con otros, ser flexibles y tener buenas habilidades sociales. La inteligencia emocional lo reconoce como empatía.

La mayoría de nosotros cuando pensamos en la palabra «empatía», tenemos en nuestra mente la imagen de una persona de pie ayudando a otra persona que está en el piso con alguna necesidad. A lo mejor algunos se imaginan a una persona extendiendo la mano a otra. Esto significa que, aunque hemos escuchado la palabra «empatía» se nos puede hacer difícil relacionarla con el emprendimiento y, mucho menos, con los negocios y las empresas.

💬 **No podemos hablar de emprendimiento sin hablar de empatía. La empatía es la actitud básica de la consciencia social** que es el conocimiento que una persona tiene sobre las demás personas que integran su grupo, su comunidad o su entorno. Esto quiere decir que, como emprendedores, si queremos entender, sentir y preocuparnos por nuestros clientes o las personas que colaboran con nosotros, requerimos tener desarrollada la empatía. Cuando hablo de empatía, no me refiero a ser simpático. Una persona puede ser simpática y no tener empatía. Por otro lado, una persona empática puede ser simpática y además tener la habilidad para entender, sentir y preocuparse por lo que otros están sintiendo. De hecho, una persona empática puede entender o percibir lo que piensan y sienten los demás, sin que esto sea expresado en palabras.

Los seres humanos expresamos nuestros pensamientos de manera verbal, pero nuestras emociones las expresamos de manera no verbal, esto quiere decir que no requieren de las palabras. Por ejemplo, podemos tener un poco de control de lo que queremos expresar verbalmente, pero las emociones siempre se expresarán por medio de nuestro

> No podemos hablar de emprendimiento sin hablar de empatía.

cuerpo y esto incluye el tono de voz, la expresión facial, los gestos, las microexpresiones —que son expresiones faciales muy rápidas e involuntarias—, la postura, la manera en que utilizamos las manos y la proximidad, que significa cuán cerca o lejos estamos de otras personas.

Por lo tanto, la empatía es esencial en el emprendedor, ya sea porque tiene socios, porque tiene colaboradores o empleados, porque ha desarrollado su proyecto y su negocio va a tener clientes. Las personas que emprenden un negocio deben tener empatía para poder reconocer las necesidades de sus clientes. Cuando en el proceso de desarrollo de nuestros proyectos o negocios creamos nuestro cliente ideal, de alguna manera estamos conociendo lo que piensa, siente, hace y cómo se comporta esa persona que va a ser nuestro cliente. Poder entender cómo siente es importante para saber cómo vamos a conectar con él y esto está estrechamente relacionado a las emociones. Las personas conectarán con nuestra marca, producto, servicio, negocio o con nosotros mismos por medio de sus emociones.

El ser empático no significa que vamos a sufrir lo que la persona que está a nuestro lado está sufriendo, significa que vamos a poder entender lo que siente y que, de alguna forma, podremos «ponernos en sus zapatos», porque, aunque no haya pasado por la misma situación, hemos pasado por situaciones similares que nos hacen entender cómo una persona se siente cuando está tris-te, frustrado, tiene coraje o está preocupada. **Así que no tenemos que sufrir lo que la persona está sufriendo, sino entender lo que esa persona siente y sentir lo que esa persona está sintiendo.**

Existen tres tipos de empatía: la empatía cognitiva, la empatía emocional y la preocupación empática. La **empatía cognitiva** se refiere a que puedes saber y entender cómo ve las cosas la otra persona y adoptar alguna de sus perspectivas. El emprendedor con un buen nivel de empatía cognitiva puede explicar las cosas de una forma que los demás entiendan y esto ayuda, no solo a las personas que trabajan con él, sino también a sus clientes, pues los motiva.

La **empatía emocional** significa que puedes sentir con el otro. Esta se considera la base de la compenetración con otras personas y lo que nos ayuda a establecer este famoso «rapport» o química. Un emprendedor se debe destacar en este tipo de empatía, ya que de esta mane-ra puede detectar en el momento las reacciones que tienen los demás porque, como dije anteriormente, los seres humanos expresamos nuestras emociones de ma-nera no verbal.

Y, por último, la **preocupación empática** contribuye a identificar cuando otra persona necesita ayuda y a comu-nicar nuestra disposición a dársela. Este tipo de empatía la ejercen los buenos ciudadanos y empresas que se dedican a ayudar a los demás.

Un emprendedor necesita ser empático porque debe poder sintonizar con los demás. Esto quiere decir «estar en el mismo canal» que sus clientes, empleados, socios y colaboradores. Además, el tener empatía lo ayuda a comprender las necesidades de los demás y, sobre todo, a preocuparse por ellos, esencial en el desarrollo de cualquier proyecto de emprendimiento o negocio.

¿Qué necesitas para ser empático?

Los resultados de muchas investigaciones realizadas sobre el desarrollo humano y social muestran que prácticamente desde el día en que nacemos manifestamos signos de solidaridad, preocupación por otros y empatía. Muchos niños de apenas algunos meses les inquieta el llanto de otro bebé. Así que podríamos decir que ser empático es parte de la naturaleza humana.

No poder interpretar los sentimientos de los demás se ha catalogado como un déficit importante de la inteligencia emocional.

Para ser empáticos hace falta estar en contacto con nuestras propias emociones, hace falta conocernos y tener consciencia de lo que sentimos.

No podemos entender lo que piensan los demás, sentir lo que sienten los demás y preocuparnos por los demás si no conocemos nuestras propias emociones, si no las entendemos y si no estamos conectados con ellas. La empatía se va desarrollando sobre la consciencia de nosotros mismos. Cuanto más sensibles y conscientes somos de nuestras emociones, más abiertos estaremos para poder interpretar los sentimientos de los demás.

💬 **No poder interpretar los sentimientos de los demás se ha catalogado como un déficit importante de la inteligencia emocional.** La persona emocionalmente inteligente tiene la capacidad de reconocer las emociones en otras personas. Cuando lo hace, logra la empatía al sintonizar emocionalmente con los demás o estar en su mismo canal. Para desarrollar esta capacidad es bien importante aplicar estos tres pasos:

- **Primero:** prestar atención completa a la otra persona. Evitar todo lo que te pueda distraer, no solo me refiero a cosas que estén a tu alrededor como el teléfono y la computadora, sino a las distracciones que vienen de la mente. Por ejemplo, a muchos de nosotros nos sucede que cuando estamos hablando con otra persona, aunque la estemos mirando, nuestros pensamientos están en otro lugar, en otra cosa o, simplemente, estamos preparando el argumento o la contestación que tenemos para esa persona, sin que haya terminado de hablar. Esto también es una distracción.

- **Segundo:** atender el lenguaje no verbal. Esto significa notar hacia dónde está mirando, qué hace con sus manos, cuál es su postura, qué indica su rostro; de esta manera podrás identificar sus emociones.
- **Tercero:** tener control de tus emociones. Tratar de mantenerte tranquilo y solo observar y escuchar a la otra persona. Solo así podrás sintonizar y mostrar empatía.

Un emprendedor que no logra sintonizar con los demás, probablemente no sea exitoso en sus relaciones y, asimismo, a otros se les hará difícil conectar y compartir con él porque podrán identificarlo como una persona insensible, desagradable y sentirse incómodos con su presencia.

El emprendedor que desarrolla la habilidad de sintonizar puede conectar fácilmente con los demás, contactar a otros y organizar encuentros o reuniones. Tendrá la habilidad de motivar e inspirar, tendrá buenas relaciones íntimas, podrá desarrollar la capacidad de influenciar a los otros y, por lo tanto, será el líder que todos quieren seguir, el emprendedor con el que todos quieren trabajar. También tendrá la capacidad de intervenir con los demás y de tranquilizarlos cuando sea necesario.

Un emprendedor emocionalmente inteligente debe tener la capacidad de conectar y detectar lo que sienten los demás, escuchar con atención y ser capaz de comprender las ideas y la perspectiva de otras personas. Gracias a la empatía, podrá desarrollar excelentes competencias en cuanto a servicio. Tendrá la habilidad de prestar atención al nivel de satisfacción de sus colaboradores, socios, empleados y clientes y, estará disponible para los demás las veces que haga falta.

La comunicación emocional

Los seres humanos somos seres sociales. Nuestra naturaleza es socializar, relacionarnos, conectar con los demás. Esta socialización se da por medio de la comunicación. Desde que nacemos buscamos la manera de comunicarnos y lo hacemos por medio del llanto. De esta forma le dejamos saber a nuestros padres o cuidadores que algo nos pasa. También es un instinto de sobrevivencia comunicarnos en palabras, en señas o con nuestro cuerpo. Pero no solo comunicamos lo que pensamos, también tenemos la necesidad de comunicar lo que sentimos. En las charlas que he ofrecido a estudiantes universitarios les presento una imagen llena de emojis y les pido que me digan cuántos los utilizan en sus mensajes diarios. La mayoría contesta que en todas sus comunicaciones lo utiliza e incluso a veces solo envía un emoji y no escribe nada más. Me imagino que cuando escribes un mensaje, dedicas un tiempo a buscar el emoji correcto pues es importante para ti que la otra persona también esté al tanto de lo que sientes.

Los seres humanos somos seres emocionales, conectamos por medio de las emociones y es una parte natural en cada uno de nosotros. El 90% de un mensaje emocional es no verbal. Podremos de alguna manera controlar las cosas que queremos decir, pero se nos hace bien difícil poder controlar lo que expresa nuestro cuerpo. Al comenzar este capítulo les hablaba de la empatía y cómo por medio de la empatía emocional podemos, no solamente entrar en contacto con nuestras propias emociones, sino también con las emociones de los demás. A este proceso se le llama comunicación emocional. Esto quiere decir que lo que pensamos lo transmitimos por medio del lenguaje verbal, las palabras, y expresamos nuestras emociones con nuestro cuerpo, lenguaje corporal.

Seguramente, te ha pasado que has llegado a tu trabajo, le has preguntado a uno de tus compañeros cómo está y te ha contestado «bien» en un tono bajo pausado y mirando hacia abajo. Aunque la persona expresó de manera verbal estar bien, su cuerpo, su postura y su tono de voz mostró algo distinto. Probablemente, te detuviste a preguntarle qué le pasaba o continuaste tu camino pensando que esa persona no está bien. Cuando las palabras de una persona difieren de lo que manifiesta su cuerpo o su tono de voz, por naturaleza le prestaremos más atención a lo que nos expresó de manera no verbal. También esto sucede porque

💬 **los mensajes no verbales comúnmente los percibimos de manera inconsciente.** De modo que, aunque no prestemos mucha atención a lo que nos está expresando de manera verbal, como seres humanos respondemos de manera inconsciente a lo que nos expresa de manera no verbal y esto incluye sus emociones.

¿Cómo conectar con la gente?

Algunas estrategias que puedes utilizar para conectar emocionalmente con los demás son las siguientes:

• Llama a las personas por su nombre.

• Observa el lenguaje no verbal de los demás.

• Observa su rostro, sus ojos, su mirada, la sonrisa, los pequeños gestos de la boca.

• Observa también su postura, sus hombros, sus manos y sus piernas.

• No trates de forzar las cosas.

• Trata de estar preparado siempre para aprovechar las oportunidades que surjan.

• Practica varios escenarios antes de conectar con otros o presentar tu proyecto. Por ejemplo, no asumas que siempre las cosas van a salir como tú esperas.

Los mensajes no verbales comúnmente los percibimos de manera inconsciente.

- Practica distintas respuestas a distintas preguntas.

- Siempre debes estar presente, que tu mente, tu cuerpo y tus cinco sentidos estén conectados con la otra persona.

- Practica el arte de escuchar a los demás y habla siempre de tus emociones.

- No te cohíbas al expresar tus emociones; cuando lo haces, creas el espacio para que las otras personas se sientan en confianza y también hablen de sus emociones.

Cómo establecer límites emocionales en el proceso de emprender

A muchas personas le resulta difícil establecer límites, piensan que no van a recibir aprobación, van a caer mal o perderán la aceptación o el amor de los demás, aunque esto conlleve su sufrimiento. Durante estos años he notado que una de las áreas que más preocupación les causa a los emprendedores es: decir no y dejar saber a los otros lo que realmente desean.

¿Qué ha pasado hasta ahora con nuestros límites?

a. Tenemos la creencia que cuando decimos que no puede sonar mal y terminamos poniendo como prioridad los sentimientos del otro.

b. Hemos aprendido que cuando ponemos primero a los otros somos mejores personas (cuando la realidad es que es al revés).

c. No nos comunicamos de manera clara y no somos consistentes y firmes.

d. Muchos utilizan amenazas.

e. No existen consecuencias.

f. Asumes la historia de lo que puede pasar con el otro.

g. Muchos caen en la contradicción entre lo que dicen y hacen.

Los límites no se ponen a los demás, los límites son para nosotros. En la medida en que yo reconozco lo que me agrada, lo que quiero, lo que no deseo y lo que es saludable para mi puedo establecer límites. Saber poner límites es vital para nuestra salud mental, primero porque es amoroso para mi y segundo porque es amoroso para el otro. Un límite es un espacio, que puede ser emocional o físico, que se encuentra entre tú y otras personas. Se va desarrollando a medida que vamos creciendo y conociendo nuestros propios límites y los de otros. Esto se convierte en esas «reglas» que van a establecer tu relación contigo y con los demás para vivir y convivir de manera saludable.

Los límites emocionales tienen que ver con el nivel de autoconocimiento, nos ayudan a respetar nuestros espacios y tiempos y el de los otros y facilitan las relaciones con los demás. Es el espacio donde terminas tú y empieza otra persona. Cuando estableces límites con otros te estás diciendo sí a ti y también estás siendo generoso con el otro porque no estás asumiendo, sino que le estás dejando saber qué de su comportamiento a ti no te está funcionando y asumes responsabilidad. Y permites que el otro también asuma la suya.

Para establecer límites debes hacer lo siguiente:

- Saber lo que quieres y para qué lo quieres.
- Reconocer qué te funciona o no del comportamiento de los demás.
- Observar los hechos de manera neutral, sin entrar en lo que significa para ti. Esto te ayudará a establecer mejor los límites.
- Aceptar que el comportamiento de los otros no es personal y que, aunque pienses que puedes, la realidad es que no puedes cambiar a nadie.
- Comunicar tus límites y no asumir que los demás los conocen o deberían saberlos.
- Establecer un acuerdo bien específico. Tiempo, lugar, hora o situación específica que no vas a permitir.
- No tienes que defenderte, justificarte o dar explicaciones.
- Reconocer que los demás también tienen sus límites.
- Aprender a negociar lo que a cada persona le puede funcionar.

• Dejar las consecuencias claras y que sean consecuencias que estés dispuesto a cumplir.

¿Te detienen las críticas de los demás?

En el cuestionario que realicé cuando comencé a investigar el tema de las emociones en el emprendedor, el miedo a las críticas fue el segundo tipo de miedo —el primero fue el miedo al fracaso— que identificaron los emprendedores o personas con deseos de emprender que contestaron el cuestionario. Los seres humanos, en distintas circunstancias de nuestras vidas, nos hemos sentido criticados y, como consecuencia, hemos experimentado vergüenza lo cual es un sentimiento que despierta las creencias o pensamientos «No soy suficiente», «No me lo merezco» y «Equivocarme es malo». Cuando experimentamos vergüenza, nuestro cuerpo se contrae, se encorva y queremos permanecer escondidos, por lo tanto, tendremos miedo a exponernos nuevamente. Todos, en algún momento, hemos sentido vergüenza y hemos relacionado ese sentimiento con algo negativo. Cada vez que vamos a hacer algo que nos pueda llevar a tener ese sentimiento, despertará mucho miedo en nosotros.

Para liberarnos de esos pensamientos que están generando miedo sobre lo que puedan pensar o decir los demás, te recomiendo:

En primer lugar, no caigas en la trampa de creer que tienes que ser perfecto para que no te critiquen. Una de las razones por las cuales a las personas les afectan las críticas es porque son perfeccionistas. Este es un tema que surge en todos mis seminarios y «mentorías». Siempre hemos escuchado que nadie es perfecto, pero me encantaría compartir contigo una nueva visión que he adoptado en mi vida desde hace unos años: cada cual es perfecto como es y tiene lo que necesita en cada momento y etapa de su vida. Y es que de alguna manera pensar que como ser humano era imperfecta no funcionaba para mí, pues me colocaba en un lugar en donde me sentía que no era suficiente y me pasaba buscando eso que me faltaba para lograr esa perfección. Hasta que comprendí que todo lo que tenía como ser humano era perfecto en cada etapa y en cada experiencia de mi vida. Cuando entiendas esto, también podrás eliminar toda esa presión sobre ti, eliminarás el estrés y vivirás mucho más relajado. **Recuerda que el perfeccionista busca aceptación y aprobación todo el tiempo y, por lo tanto, vive emocionalmente agotado.**

En **segundo lugar**, te recomiendo que estés bien atento a tus pensamientos. Separa tu pensamiento o interpretación de lo que realmente pasó. Si retomamos el tema de la percepción recuerda que somos nosotros los que interpretamos todo lo que pasa a nuestro alrededor y le otorgamos un significado. Las otras personas hablan y siempre hablarán; sin embargo, tú puedes elegir cómo quieres interpretar esa situación. En muchas ocasiones, lo que recibimos es un comentario y somos nosotros los que creamos toda la historia de lo que supuestamente esa persona nos quiso decir. Y en esa historia que nos hacemos quedan plasmadas nuestras creencias, pensamientos, valores e inseguridades. Recuerdo que, en una ocasión, al finalizar una clase, le comenté a una estudiante

que me acompañara porque quería hablar con ella. La estudiante caminó junto a mi hasta mi oficina y cuando nos sentamos, le solicité su colaboración en una actividad que teníamos en la universidad y necesitábamos estudiantes que sirvieran de ujieres. Al finalizar, la estudiante me dijo que, desde el momento que le comuniqué que quería hablar con ella hasta que llegó a mi oficina, sentía que se iba a desmayar y revivió en su mente cada segundo del curso buscando alguna situación en la que ella hubiese hecho algo mal.

En **tercer lugar**: cambia tu diálogo interior. **Lo que tú piensas de ti mismo es lo que los demás van a pensar de ti.** El mundo es nuestro espejo. Así funciona. Cuando descubras el potencial que tienes y la grandeza que hay en ti, los demás

> El perfeccionista busca aceptación todo el tiempo y, por lo tanto, vive emocionalmente agotado.

lo verán también. Cuando cambias la forma en la que hablas contigo mismo, estás cambiando tu diálogo interior. Si te empiezas a tratar con respeto, a cuidar lo que piensas de ti y a tener muy claro que nadie es como tú, las demás personas empezarán a valorarte. Si modificas los pensamientos, empezarás a dejar de sentir miedo de ser criticado. Recuerda que los pensamientos provocan emociones.

La **cuarta acción** que puedes hacer para liberarte de esos pensamientos que causan tu miedo de lo que puedan pensar o decir los demás es ser auténtico, practicar la autenticidad. Según Brené Brown, es importante la práctica diaria de liberarnos de lo que creemos que deberíamos ser y abrazar, en cambio, lo que realmente somos. Darnos el espacio para ser nosotros, ser compasivos y creernos que somos suficientes como, en efecto, lo somos. Con sus investigaciones, Brown descubrió que algo que avergüenza mucho a las mujeres es decir las cosas en voz alta y cómo esto genera una lucha interna entre no incomodar a la gente y ser honestas: No molestar a nadie ni herir sus sentimientos, pero decir lo que piensas. Parecer informada y educada, pero no parecer una sabelotodo. No decir nada controvertido, pero tener el coraje de estar en desacuerdo con los demás. Tanto para los hombres como para las mujeres, el hecho de que sus opiniones, sentimientos y creencias entren en conflicto con las expectativas de los demás asignadas por la sociedad a cada género supone una lucha. Debemos evaluar si al final vale la pena sacrificar lo que realmente somos y queremos por lo que otros puedan pensar.

¿Sientes que no eres lo suficientemente bueno?

¿Te comparas con los demás y piensas que todos son mejores que tú? ¿Quieres arrancar con un proyecto y sientes que eres una mentira o un fraude? ¿Llevas un tiempo con tu proyecto y temes subir los precios porque sientes que no eres experto en nada? Son muchas las personas que me dicen que sienten que todavía no saben lo suficiente y que necesitan prepararse más para poder comenzar su proyecto. Y eso no está mal. Lo interesante es que son personas que llevan años trabajando con esos temas y han tenido unas experiencias extraordinarias que las capacitan para poder desarrollar su proyecto. Recuerdo escuchar sobre este tema y pensar que no era cierto. Cuando me encontraba iniciando mi proyecto, tuve una conversación con mi esposo en la que le decía que todavía me faltaba estudiar más, que quién era yo para desarrollar una metodología, que yo no sabía todo sobre inteligencia emocional y él solo me miró y me dijo: «Si llevar toda tu carrera, veinte años, estudiando ese tema no es suficiente, pues entonces es verdad que necesitas aprender más». Eso fue como sentir un balde de agua fría cayendo sobre todo mi cuerpo. No podía creer que, sin darme cuenta, tenía los síntomas del impostor.

Existen dos patrones de comportamientos que experimentan los emprendedores: el síndrome del impostor y el pesimismo defensivo. Las personas piensan que esto no les ocurre hasta que leen detalladamente de qué trata. **El síndrome del impostor es un patrón de comportamiento cuya característica principal es tener una percepción muy negativa de sí mismo.** Esto provoca que la persona se sienta mal, sienta angustia que significa que siente ansiedad o miedo ante algo que percibe como peligroso. Las personas con el síndrome del impostor piensan que son una «estafa», un fraude, que sus habilidades son falsas, de mentira, que están engañando al resto de las personas y se sienten sobrevaloradas por los demás cuando le dicen que lo están haciendo bien, que saben mucho y que son buenos en lo que hacen. No tienen confianza en sus propias habilidades, aunque hayan obtenido éxito o reciban elogios. A pesar de que todo indica lo contrario, se subestiman y piensan que no tienen las capacidades para realizar las tareas de la forma correcta. Estas personas se caracterizan por atribuir los éxitos a motivos externos como la suerte y, el «fracaso», a motivos internos como el ser incompetentes, lo cual les provoca un sentimiento de culpabilidad. El aspecto que más caracteriza este comportamiento es que hace que estas personas trabajen mucho y se preparen para realizar actividades con éxito, y así evitar que las personas descubran su incompetencia y sepan que realmente son unos farsantes.

Por otro lado, en el pesimismo defensivo, las personas tienen pocas expectativas de tener éxito en su proyecto de emprendimiento, ya que se centran en todos los posibles aspectos negativos y dificultades que puedan aparecer y que puedan dañar su buen desempeño. Lo que hacen es que se colocan o definen a ellos mismos como lo peor y, al igual que el síndrome del impostor, aunque tengan un buen historial de éxito en estas situaciones, siempre piensan que algo malo ocurrirá y no podrán cumplir sus objetivos. Todo esto es una manera de protegerse y «prepararme para el fracaso y si me pasa, pues ya lo sabía...», pero, en el fondo, quieren triunfar.

Ambos patrones de comportamiento se caracterizan porque aparecen ante el miedo al fracaso y la ansiedad de fallar en determinadas situaciones. Como consecuencia, tienen duda, preocupación, se sienten frustrados e insatisfechos, y tienen baja autoestima, especialmente, cuando no logran sus objetivos.

Para superar el síndrome del impostor y arrancar con tu proyecto de una vez y por todas es importante hablar de lo que te ocurre con un amigo, familiar, pareja, mentor, «coach» o psicólogo. Esto te ayudará a identificar lo que realmente está pasando versus lo que tu mente te está diciendo que está pasando. También es importante que tomes el tiempo para repasar los logros que has tenido a lo largo de tu vida y tu carrera. Esto es crucial porque a la mayoría de nosotros nos enseñan que debemos soñar en grande, entonces, nos pasamos la mayor parte de nuestras vidas soñando con alcanzar eso tan grande y no celebramos lo logros «pequeños», que al final son los verdaderos logros, los del día a día, porque con pequeños logros construimos grandes sueños. Las personas que se sienten impostoras se sorprenden cuando ven su «résumé» o escriben en un papel todos sus logros. Esto también me pasó a mí. Cuando estaba preparando mi página web debía, escribir mi propia reseña y para hacerlo busqué mi «curriculum vitae», al leerlo detalladamente no salía de mi asombro. No podía creer que yo había hecho todo eso que estaba plasmado en el documento. Aparte de celebrar los logros y los éxitos, un ejercicio bien importante es reconocer qué habilidades, conocimientos y destrezas contribuyeron a esos resultados tan positivos.

Ejercicio:
Aprende a interpretar
los sentimientos de los demás

Para comenzar a conectar, te recomiendo que identifiques personas con las cuales te sientas cómodo y en confianza para que les cuentes sobre tus ideas. Luego piensa en cómo te sentiste. Este ejercicio sencillo puede ser el inicio del proceso para desarrollar estrategias de conexión.

Personas con las que me siento cómodo conectando:

Me siento preparado para compartir las siguientes ideas de mi proyecto:

Cómo me sentí compartiendo mis ideas:

Cómo me sentí recibiendo críticas, recomendaciones o nuevas ideas:

Paso 5:

Lánzate a conectar

«El haber pasado la mayor parte de mi vida
siendo de determinada manera,
no significa que siempre tengo que ser así».

Aprender a conectar con los demás de una manera diferente fue una de las áreas con las que más tuve que trabajar en este proceso de emprender. He pasado la mayor parte de mi carrera trabajando en la academia y era la primera vez que comenzaba un proyecto de emprendimiento. Aunque siempre se me había hecho muy fácil relacionarme con los demás, esta ocasión era diferente pues yo no representaba a ninguna organización; me representaba a mí. Uno de los temas que me provocaba temor era el exponerme y hablar sobre lo que yo pensaba. Los que nos hemos desarrollado en ambientes académicos sabemos que, aunque compartamos nuestras opiniones, en la mayoría de nuestros trabajos, presentaciones y conferencias, se nos requiere las referencias de libros, teorías y modelos que otros han creado. Así que cuando estaba desarrollando mi programa, me causaba miedo hablar de una metodología que yo había creado o, más aún, enfrentarme al tema de las ventas. Tengo que reconocer que, desde que arrancó mi proyecto, nunca he sentido que estoy vendiendo. La razón es que creo firmemente en él y cuando estoy «vendiendo», realmente lo que hago es hablar de algo que me ha funcionado y que sé que le puede servir a los demás. Aún más: quisiera que todos se pudieran beneficiar de este programa. Así que todo este conocimiento sobre inteligencia emocional no solamente lo utilicé en mi proceso individual de emprender para vencer mis miedos, mis inseguridades, dejar a un lado las preocupaciones y salir del estancamiento emocional que me provocaba cada una de ellas, sino que también fue fundamental en mi proceso de conectar con otros.

Para emprender ya sea en nuestra vida, en nuestros trabajos, un proyecto profesional o un negocio requerimos tener presente que conectar con los demás va a ser una pieza clave y fundamental. Es importante seleccionar proyectos en los que creamos, que nos causen satisfacción y que el simple hecho de pensar en ellos, nos movilice y nos motive a conectar con los demás. El emprendedor no puede ser tímido. Cuando escogemos un proyecto de emprendimiento, debemos pensar en eso que podamos hacer durante mucho tiempo y que cuando lo realicemos, desarrolle en nosotros el llamado «estado de flujo». El estado de flujo se conoce también como el punto óptimo de la inteligencia emocional. Significa que mientras realizamos una tarea, todo nuestro cuerpo fluye perfectamente, es como si nuestras emociones estuviesen al servicio del desempeño de esa tarea. En el flujo nos sentimos plenos y las emociones están canalizadas, estimuladas y alineadas con la tarea que realizamos. Así me siento cada vez que ofrezco un seminario, un taller o una «mentoría» sobre mi metodología de Emprendimiento Emocional™. Siento que el tiempo se detiene y no importa lo que pase fuera de mí, todo en mi cuerpo circula perfectamente.

Ese mismo estado de consciencia es el que te va a movilizar a conectar con otros, a entender que eso que te ha funcionado a ti le puede funcionar a otros y será la base para poder conectar con los demás, no solo de una manera social o de negocios, sino de manera emocional. Para lograrlo, hace falta desarrollar **contagio emocional, inteligencia social, compenetración emocional y brillantez emocional.**

Un emprendedor emocionalmente inteligente reconoce la importancia de conocer y utilizar sus emociones a la hora de conectar con los demás. Reconoce que sus emociones pueden crear un impacto en las decisiones de los otros. Esto se logra por medio del **contagio emocional.** Las emociones se contagian. ¿Cuántas veces has estado sintiéndote triste en un sitio y llega una persona con buen estado de ánimo, se sienta a tu lado, comienza a reírse, a hacer chistes y tú, sin notarlo, terminas con una sonrisa en tu rostro? A lo mejor te ha pasado que al entrar a un lugar, sientes un ambiente apagado o triste y, aunque estás de buen humor, después de un rato sientes que tu estado de ánimo ha cambiado. El contagio emocional sucede de manera inconsciente: no nos damos cuenta de que contagiamos a otros con nuestro estado de ánimo o que hemos sido contagiados por otros. Entre todos nos contagiamos las emociones como si se tratara de un virus. A veces lo hacemos por medio del lenguaje colectivo, a veces se contagia por los medios de comunicación y otras, simplemente, con el contacto que tenemos con otras personas.

La **inteligencia social** es la capacidad que tenemos los seres humanos para comunicarnos con otras personas de una manera empática. Muchos de nosotros conocemos personas que definimos como populares, encantadoras o muy humanas; personas con quienes nos sentimos bien compartiendo, son agradables, simpáticas y empáticas. Es muy probable que esas personas tienen su inteligencia social bien desarrollada. En todos nuestros encuentros estamos enviando señales emocionales y cada una de ellas afectan de manera positiva o negativa a otras personas. Un emprendedor emocionalmente inteligente tiene la capacidad de controlar esas señales porque reconoce que van a tener un impacto en sus socios, colaboradores, empleados y clientes.

Nuestra naturaleza humana tiende a imitar el comportamiento de los otros. Lo vemos en los niños quienes pasan mucho tiempo imitando el comportamiento de su papá y su mamá o de las personas que tienen a su alrededor. Igualmente nos pasa en la vida adulta, de manera inconsciente tendemos a imitar a los demás. Por ejemplo, he tenido momentos en los que me siento bien ansiosa, con mi respiración bien acelerada. Al llegar a mi casa y abrazar a mi esposo, llega el momento que mi respiración y la de él se sincronizan. Mi respiración comienza a ser más lenta como la de él y me siento mucho más calmada. Este proceso se da de manera inconsciente y se le llama **compenetración emocional**. Sin darnos cuenta, nos compenetramos con otras personas e imitamos sus movimientos: decimos que sí con la cabeza cuando la otra persona habla, movemos nuestro cuerpo al mismo tiempo que la otra persona o, como me pasó a mí, respiramos al mismo ritmo que el otro. Esto es bien importante, ya que nos deja saber cuánto hemos conectado con la otra persona.

Si estamos compenetrados emocionalmente, terminaremos teniendo estados de ánimo similares.

♡ No importa cuál sea la emoción si estamos compenetrados emocionalmente, terminaremos teniendo estados de ánimo similares.

♡ **La brillantez emocional es la capacidad de poder manejar y aliviar las emociones alteradas de los demás.** Un emprendedor emocionalmente inteligente podrá manejar situaciones en las que un socio, colaborador, empleado o cliente esté alterado. Tendrá la habilidad de ser empático con los sentimientos de la otra persona y en una situación difícil, llamar la atención de la persona para distraerla y moverla de la situación que le ha generado esa emoción, de esta manera la persona se sentirá más hábil y aliviada.

Agotamiento emocional

Cuando comencé mi proyecto, me llamó mucho la atención que en los grupos donde comparten emprendedores y, sobre todo, en las redes sociales, se repetía el tema del agotamiento. Si abres las historias de Instagram, verás muchos emprendedores hablando sobre lo agotados que están por todo el trabajo que tienen.

He estado en grupos en que la mayoría de los emprendedores expresa sentirse agotado, pero, más interesante aún, es que hasta se enorgullece de su agotamiento por pasar la mayor parte del tiempo «trabajando» y «produciendo». A veces se convierte en una competencia sobre quien está más cansado y quién tiene menos tiempo.

Uno de mis hijos, que es universitario, en una ocasión me comentó que este fenómeno lo veía en la universidad.

Prácticamente se hacía una competencia de quién estaba más cansado, quién tenía más que estudiar, quién tenía más exámenes, quién tenía el peor profesor. Recuerdo que me dijo: «Me di cuenta de que a veces caigo en esa conversación y en esa lucha». Él descubrió que no era cierto, que era parte de un drama, una conversación que estaba de moda, pero no era lo que sentía y que cuando decía la verdad: «Esta semana yo estoy "chilling", mis profesores son bien "cool", mis exámenes han estado bien buenos...», se acababa ese tipo de conversación.

Cuando comenzamos un proyecto de emprendimiento, generalmente arrancamos solos y hacemos la mayor parte o todo el trabajo. Y sí, en muchas ocasiones nos sentimos cansados. Pero también existen creencias como «Mientras más trabaje, más ingresos tendré», «Todo en la vida es esfuerzo y sacrificio», «Tenemos que producir todo el tiempo», «Después se descansa, para eso habrá tiempo». **Y de alguna manera el decir que estamos cansados, agotados, ocupados y trabajando constantemente se ha convertido en un símbolo de estatus.** Aún más, discutir sobre quién está más ocupado o trabaja más es sinónimo de éxito y valía personal. Yo he estado ahí, lo estuve por mucho tiempo. Recuerdo que hace unos años descubrí que esas creencias estaban ancladas fuertemente en mí. No podía dejar pasar un minuto sin hacer algo, pues sentía que debía trabajar y cuando disfrutaba, jugaba o, simplemente, no hacía nada, pensaba que estaba perdiendo mi tiempo. Comencé a esforzarme para sacar tiempo para no hacer nada y no sentirme culpable. En una ocasión, estaba en una fiesta hablando con dos amigas y les comenté de una serie que había visto e inmediatamente una de ellas me dijo: «Yo no tengo tiempo para eso» y la otra respondió: «Yo no puedo perder tiempo viendo televisión». Ellas se sentían muy orgullosas y sentí vergüenza de decir que tenía tiempo para ver Netflix. Para mí fueron tan evidentes y claras estas creencias, y cómo de verdad las creemos y las hacemos parte de nuestras vidas.

Estos pensamientos y creencias se convierten en exigencias que nos agotan. A esto se le llama «agotamiento emocional». Sin embargo, este es un agotamiento diferente, lo que realmente cansa es lo que tú mismo estás creyendo que «debes ser como emprendedor», tus creencias y juicios de lo que está bien y está mal con respecto emprender: «Esto no sirve», «¿Quién lo va a comprar?», «¿Qué pensarán de mí?», «¿Y si todo sale mal...?», «¡¿Emprender ahora que la cosa está mala!?»,

1. Lo que más te agota es lo que piensas que debes ser:
    a. Exitoso
    b. Perfecto
    c. Que todo te salga bien... siempre
    d. Cumplir perfectamente todas las expectativas
    e. Que tus productos se vendan rápido

f. Que tus servicios les encanten a todos

g. Tener el control... ¡de todo!

♡ **¿Qué te agota más?, ¿lo que estás haciendo o la historia que tienes en tu mente de lo que estás haciendo?**

♡ **Lo que te agota no es tu emprendimiento, es vivir esperando que los demás aprueben tus ideas, decisiones, proyectos, metas y sueños.**

El emprendedor tiene la creencia de que, para lograr lo que quiere, tiene que estar haciendo algo todo el tiempo. Esto también ocurre con los profesionales. Sin darnos cuenta, nos hemos convertido en adultos cansados, estresados y, además, saturamos a nuestros hijos con una cantidad exagerada de actividades. La razón principal de este comportamiento es el miedo.

¿Qué podemos hacer? Saca tiempo para descansar, para no hacer nada y desconectarte. Cuando te sientas preocupado, vuelve al momento presente. Es solamente en el presente cuando no sufres porque en el aquí y ahora todo está bien. Cuando nuestra mente está en el futuro es que sufrimos. Establece límites contigo y cúmplelos. Por ejemplo, semanalmente separo tiempo en mi agenda para mí. Ese día, según mi estado de ánimo, decido ver una película, leer un libro, jugar con el teléfono, patinar con mi hija, jugar cartas con mi familia o, simplemente, no hacer nada y está bien no hacer nada, no pasa absolutamente nada. Esa creencia de que siempre tenemos que hacer algo también la podemos cambiar.

El Dr. Stuart Brown, psiquiatra, ha realizado muchas investigaciones sobre el juego como una manera de desarrollar el cerebro, enriquecer la imaginación y alegrar el alma. Para muchos, esto puede significar perder el tiempo, sin embargo, puede ser lo que al final te brinde más tiempo de vida pues te ayuda a liberar el estrés. En esta etapa, para mí es bien importante disfrutar y he decidido que mi propósito de vida es la alegría: lo que no me causa alegría, no lo quiero en mi vida. Para el Dr. Brown, el juego es tan importante como el descanso. El juego sin reglas, sin luchas ni competencias.

Cambio emocional:
Cómo adaptarnos a esta nueva forma de vivir

Emprender es una decisión de vida. Al igual que en muchos otros aspectos de nuestra vida, estamos constantemente enfrentándonos a situaciones inesperadas, experiencias completamente nuevas, y que pueden cambiar nuestra realidad. Los seres humanos tendemos a resistirnos a los cambios y a algunos se nos hace bien difícil adaptarnos.

Llevamos varios años experimentando, no solo en Puerto Rico, también a nivel mundial, eventos completamente nuevos para nosotros: huracanes de categoría extrema, terremotos, pandemia, cambio de gobierno, crisis sociales, entre otros. Cada uno de estos eventos nos ha enfrentado a una realidad: no sobrevive el más fuerte, sino el que mejor se adapta.

Cuando nos enfrentamos a un cambio, atravesamos por cinco etapas.

- La primera etapa es la **negación**. La experiencia es tan fuerte que tendemos a negar lo que está pasando para protegernos del dolor que eso nos pueda causar.

- La segunda etapa es la **ira**. Esta puede aparecer en el momento o cuando ya llevamos un tiempo enfrentándonos a esa nueva realidad. La ira puede ser contra el gobierno, personas, jefes, familia, amistades. Tendemos a echarle la culpa a alguien o algo de lo sucedido.

- La tercera etapa es la **negociación**. Nos resistimos a esa nueva realidad y queremos volver atrás, así que tratamos de negociar con personas, familia, un ser supremo o Dios para que las cosas vuelvan a ser como antes.

- La cuarta etapa es la **depresión** que, a diferencia de las tres etapas anteriores que se refieren al pasado, esta etapa hace referencia al presente. Sentimos tristeza porque sabemos que el cambio es inevitable.

- La quinta etapa es la **aceptación** o **rechazo**. En esta etapa aceptamos el cambio con todas sus consecuencias o lo rechazamos. Mientras más rápido lo aceptemos, menos sufriremos.

Los emprendedores necesitamos ser flexibles y comenzar el proceso de adaptación a los cambios lo más rápido posible. Para lograrlo, es importante convertir este cambio en una oportunidad. Cuando llega a tu vida un cambio con el que no estás de acuerdo, las cosas pueden parecer difíciles. Los estudios nos demuestran que tener una actitud positiva, puede ayudar a ver la situación de una manera diferente y ser receptivo a nuevas oportunidades.

Identifica por qué te resistes a este cambio. Nuestra reacción emocional al cambio es el reflejo de nuestra interpretación de la realidad o incluso nuestra historia, muchas veces sin fundamentos, de lo que puede pasar. En muchas ocasiones, nuestras «historias» están bien alejadas de la realidad. Una vez identificado el origen de tu resistencia, asume responsabilidad por tus emociones.

♡ **Reconoce la emoción que estás experimentando y permítete sentirla.** Reconoce que es natural lo que estás sintiendo ante un evento completamente nuevo para ti. La aceptación de un cambio es un proceso que ♡ puede tener un gran impacto emocional. **Saber que la aceptación no es inmediata, puede ayudar a minimizar su impacto.** Identifica en qué etapa del proceso te encuentras, esto te puede ayudar a poner en contexto tus emociones y reducir el agotamiento emocional.

Rediseño emocional

Cuando comencé a crear la comunidad de mi proyecto en las redes sociales, no sabía el impacto que estas podían causar. Anteriormente, había escuchado que en las redes las personas se interesan y preguntan sobre los productos y servicios, pero nunca me imagine cuánto se podía conectar. La pregunta que más me hacen es si es posible cambiar después de tantos años haciendo las cosas de la misma manera.

En una ocasión una persona me escribió: «Doctora, ¿podemos cambiar lo que somos?».Yo también me hice esa pregunta por mucho tiempo: sabía que lo que estaba haciendo no me funcionaba, pero no sabia qué hacer y, más aún, pensaba que no podía cambiar quien yo era. Y esto no se trata de tu esencia como ser humano pues todos los seres humanos tenemos nuestra grandeza, pero nuestros pensamientos y creencias no nos permiten verlo. Los seres humanos sí podemos cambiar quienes hemos sido hasta el momento, si es que no nos ha funcionado y comenzar a vivir de una manera diferente, pero muchas veces pensamos *Esto fue lo que me tocó, Así es y hay que aceptarlo, Yo soy así, Es mi realidad y no la puedo cambiar.*

> Reconoce la emoción que estás experimentando y permítete sentirla.

♡ **El haber pasado la mayor parte de mi vida siendo de determinada manera, no significa que siempre tengo que ser así.**

A medida que vamos creciendo desarrollamos un personaje y construimos una historia basada en él. Así vamos adquiriendo unos roles y, a través de ellos, definimos quiénes somos, lo que queremos, nuestros sueños, planes, nuestras relaciones y lo que será nuestra vida. Lo más interesante es que a muchos de nosotros no nos agrada ese personaje en el cual nos hemos convertido y la película que hemos creado de nuestra vida. Sin embargo, vivimos creyendo que ya es así, que no se puede cambiar y lo justificamos. Cuando llegamos a una etapa en nuestra vida en la que nos damos cuenta de que lo que hemos hecho no ha funcionado, que no nos ha permitido ser feliz, entonces, nos cuestionamos la posibilidad de ser la persona que queremos ser, vivir como soñamos y tener las relaciones que deseamos.

No es hasta que pasamos momentos difíciles en la vida, crisis o «tocamos fondo» que nos damos cuenta de lo que nos pasa y que queremos hacer algo distinto al respecto. Para rediseñarte emocionalmente debes comenzar por conocerte. Esto implica descubrir tus pensamientos y creencias para que comiences el camino hacia tu crecimiento, desarrollo y transformación personal.

Obsérvate y descubre cómo te ves. Identifica qué cosas han funcionado en tu vida y qué cosas debes cambiar.

A lo largo de mi carrera profesional, he observado lo que hacen las personas que admiro. He visto lo que a otros les ha funcionado y los resultados que han obtenido, no para copiar, pero sí para que me sirva de ejemplo e inspiración y para ponerlo en práctica en mi vida. Pero algunos de nosotros imitamos las cosas que no nos funcionan de los otros. En tu proceso de rediseño emocional es importante elegir mentores, rodearte de personas que te inspiren, observar sus valores, creencias y sus comportamientos.

Para rediseñarnos es esencial no resistirnos a los cambios. Por naturaleza los seres humanos tenemos la capacidad de readaptarnos y, cuando nos resistimos de alguna manera, bloqueamos nuestra propia naturaleza, evolución y desarrollo. **Hemos escuchado durante mucho tiempo que para emprender debemos mantener un balance, un equilibrio, pero es en el desequilibrio, en la crisis en donde evolucionamos y cambiamos.** Piensa en los momentos más difíciles que has vivido y verás cómo siempre pudiste manejarlo y salir adelante. Por último, para rediseñarnos emocionalmente, debemos aceptar que todo lo que nos sucede es perfecto y confiar que todo siempre va a estar bien. Esta es una de las áreas con las que más he trabajado en los últimos años.

Reflexiona sobre tu vida; es probable que notes que en muchas de las ocasiones cuando sucedieron situaciones difíciles, te diste cuenta de que era lo que tenía que pasar y que fue perfecto.

Desarrolla tu marca emocional

En este mundo de emprendimiento y empresarismo mucho se habla de la marca personal que tiene que ver con considerarte a ti mismo una marca, poder mercadearte y crecer como profesional. Sin embargo, **para poder desarrollar tu marca personal, primero debes desarrollar tu marca emocional** con la idea de que puedas desarrollarte para luego salir y darte a conocer.

En este sentido, lo más importante es poder resaltar tu poder basado en tus características individuales humanas, no profesionales, que te permitan diferenciarte y provocar inspiración en los demás. La estrategia debe ser resaltar tus cualidades humanas, fortalezas emocionales y que tus seguidores y clientes te asocien con valores humanos importantes para que al final puedas conectar con las emociones de tus seguidores, clientes, socios, colaboradores y empleados. Para lograrlo es crucial desarrollarte como un emprendedor emocional

> Para poder desarrollar tu marca personal, primero debes desarrollar tu marca emocional.

que busca transformar lo que piensa, lo que siente y lo que vive.

Para crear tu marca emocional:

Primero: Desarrolla confianza en ti mismo. Esto implica conocer bien tus propias capacidades, sacar partido de tus puntos fuertes y que tu presencia se haga notar. Si tú te conoces, no te afectarán las críticas. Identifica las cosas que te diferencian de los demás, que te hacen único.

Segundo: Desarrolla autocontrol emocional. Un emprendedor con autocontrol emocional encuentra la forma de manejar sus emociones y sus impulsos y logra canalizarlos de manera positiva. No pierde el control frente a un gran estrés. Para lograr autocontrol se necesita autoconocimiento.

Tercero: Sé transparente y fiel a tus valores. La transparencia es la franqueza y autenticidad ante los demás con respecto a lo que sientes, crees y haces. Significa ser congruente y ser íntegro con tu palabra. Siempre debes honrar tu palabra y reconocer sin problemas tus faltas y errores.

Cuarto: Sé flexible y adáptate a los nuevos retos. Sé ágil al adaptarte a cambios inesperados. Debes saber las necesidades de tus clientes, tener los oídos abiertos al ambiente, al mercado y sumergirte en el cambio del día a día.

Quinto: Ten iniciativa. Ser eficiente y creerte capaz porque piensas y crees que posees lo que te hace falta para llevar a cabo tus planes, proyectos o sueños. Aprovechar las oportunidades o crearlas, no sentarte a esperar a que lleguen.

Sexto: Sé inspiración. Impulsa a la gente con su misión, su propósito y el de su proyecto y con su visión, dejándole saber hacia dónde quieres llegar. Conectar con la gente para comunicar tus ideas, ganar aceptación y motivar. Buscar la oportunidad de hacer buenas relaciones con los demás.

En este proceso de emprender, muchas personas me decían que tenía suerte porque me había dado a conocer rápido y había tenido muchas oportunidades. Les confieso que el 90% de esas oportunidades las creé yo, no permanecí sentada en mi casa esperando a que me llamaran. ¿Cómo lo he hecho? Participando en actividades, conectando con las personas, hablándoles a todos de mi proyecto, haciendo llamadas, enviando correos electrónicos, visitando posibles colaboradores, presentando mis proyectos a todos, creando propuestas para la radio y televisión, tocando puertas hasta recibir un sí.

El poder del liderazgo emocional

¿Has escuchado estas historias? Una persona muy inteligente y altamente preparada que asumió un puesto de liderazgo en una empresa y no tuvo éxito. El caso de otra persona que con una capacidad intelectual promedio y un poco de conocimiento técnico asumió un puesto similar y llegó muy alto. Mucho se habla de liderazgo, pero ¿qué pasa que lo que hemos aprendido hasta el momento no nos ha funcionado completamente? Llevo más de 15 años enseñando el tema de liderazgo en universidades en Puerto Rico. En los libros sobre el tema, se habla de que la esencia del liderazgo es la influencia que tiene que ver con el poder de una persona para determinar o alterar la forma de pensar o actuar de alguien.

Las investigaciones realizadas por Daniel Goleman revelan que, aunque las cualidades como inteligencia, firmeza, determinación y visión son necesarias, no son suficientes. Y es que los líderes verdaderamente efectivos también se distinguen por un alto grado de inteligencia emocional, que incluye la autoconsciencia, la autorregulación, la motivación, la empatía y las habilidades sociales.

Diferentes estudios sobre el tema concluyen que la inteligencia emocional desempeña un papel cada vez más importante en los niveles gerenciales de una empresa en donde las diferencias en destrezas técnicas son insignificantes. Esto quiere decir que mientras más alto sea el puesto de un profesional, más se podrá atribuir su éxito o eficacia a sus habilidades emocionales. Lo mejor es que estas habilidades se pueden desarrollar en cualquier etapa de nuestra vida, en la empresa y en nuestros negocios.

♡ **El líder emocional no es el que se distingue por cuánto sabe sobre algo, sino por su capacidad para inspirar en otros energía, pasión y entusiasmo.** Esta explicación contesta el porqué nos hemos quedado cortos, y es que el líder, más que influenciar, debe inspirar. El liderazgo emocional se logra con la inspiración, definida como un estímulo o lucidez repentina que siente una persona y que favorece la creatividad, la búsqueda de soluciones a un problema, la concepción de ideas que permiten emprender un proyecto. El liderazgo emocional se basa en el manejo adecuado de las emociones propias y ajenas para poder potenciar sentimientos o emociones positivas en los equipos (de trabajo, de estudio, de grupos de personas que compartan intereses). Esto se logra cuando el líder puede desarrollar una profunda comprensión de las emociones, fortalezas, debilidades, necesidades y motivaciones propias. Lo ayuda el ser honesto consigo mismo y con los demás, ya que podrá mostrarse con sinceridad, autoevaluarse constantemente y hablar abiertamente sobre sus emociones y el impacto que tienen en su trabajo. De esta manera, podrá crear resonancia para que las personas se desarrollen y logren alcanzar sus objetivos.

♡ Otra característica importante del líder emocional es la capacidad de reconocer los impulsos de las emociones para poder controlarlos. Este es el componente de la inteligencia emocional que nos libera de ser

prisioneros de nuestras emociones. Es importante que el líder pueda encontrar formas para controlarse e incluso canalizar sus emociones de manera útil. Así podrá crear un clima de confianza en el cual las personas se sientan que son justos en sus decisiones y, de esta manera, se reducen los conflictos y se aumenta la productividad, se sienten cómodos y no se quieren ir, pues también aumenta el compromiso.

Un rasgo importante que comparten los líderes emocionales es la motivación. Se sienten impulsados a obtener logros más allá de las expectativas (de las propias y las de los demás). A algunos los pueden motivar factores externos, tales como un buen salario, el estatus que implica un título o formar parte de una empresa de prestigio. Por otro lado, a los líderes emocionales les motiva un profundo deseo interno de lograr el éxito por el simple hecho de lograrlo. Sienten pasión por el trabajo en sí, buscan desafíos creativos, adoran aprender y se enorgullecen del trabajo, también tienen mucha energía y les inspira hacer las cosas mejor.

De todas las dimensiones de la inteligencia emocional, la empatía es la que se reconoce más fácilmente. Todos hemos sentido empatía, pero cuando se trata de negocios, rara vez se escucha hablar de un líder empático o premiar a alguien por la empatía en una empresa. **La empatía es una parte del liderazgo bien importante por** tres razones: cada vez más se trabaja en equipo en las empresas, la globalización y la necesidad de retener al recurso humano. Junto con la empatía es importante poder manejar las relaciones con los demás. Como componente de la inteligencia emocional, la empatía no solo significa ser simpático, aunque las personas con buenas habilidades sociales rara vez tienen un carácter difícil. Los líderes emocionales tienden a ser optimistas y muy eficientes manejando relaciones porque entienden y manejan sus propias emociones y pueden tener empatía con los sentimientos de los demás. Su optimismo se proyecta en conversaciones y encuentros sociales. Son seguros de ellos mismos, lo que les ayuda a desarrollar y compartir su conocimiento con los demás.

El líder emocional no es el que se distingue por cuánto sabe sobre algo, sino por su capacidad para inspirar en otros energía, pasión y entusiasmo.

Ejercicio:
Lánzate a conectar

¿Qué significa para ti ser un emprendedor?

_____

_____

_____

_____

_____

_____

_____

¿Qué significa para ti emprender? Descubrirás todas tus creencias y de dónde salen tus exigencias.

_____

_____

_____

_____

_____

_____

_____

¿Qué es lo que estás haciendo cuando las cosas te van bien?

_____

_____

_____

_____

_____

_____

_____

Te invito a repasar estas preguntas para ayudarte a pensar de forma más optimista:

¿Qué nuevas oportunidades hay para mí en este emprendimiento?

_____

_____

_____

_____

_____

_____

_____

_____

_____

_____

_____

_____

¿Cómo este emprendimiento puede ayudarme a mí y a otros?

_____
_____
_____
_____
_____
_____
_____
_____

¿Cuál es la emoción que siento con relación a comenzar este proceso de emprender? Miedo, ira, frustración, tristeza, alegría, ilusión, optimismo, entusiasmo

_____
_____
_____
_____
_____
_____
_____
_____
_____

Una vez identifiques la emoción, pregúntate sobre su verdadero origen. ¿Cuáles de mis creencias o preocupaciones me hacen sentir miedo, ira, frustración o tristeza?

Próximos pasos…

El emprendedor
emocionalmente inteligente

Comenzar este proceso te hará sentir libre y feliz. **Cuando trabajamos en nosotros, logramos ver diferente todo a nuestro alrededor, aunque todo a nuestro alrededor continúe igual. Este trabajo emocional no termina y no se logra en el futuro, se logra en el presente, en nuestro día a día.** Para lograrlo, es importante mantenerte atento a lo que expresa tu cuerpo, tu mente y tus emociones.

A través de este libro, aprendiste que resistirte a tu propia naturaleza no es una buena decisión. Además de los ejercicios, quiero compartir contigo unos últimos pasos que te ayudarán a mantenerte en tu poder y ser responsable de tus emociones. Es importante que hables de tus emociones, que puedas hacerlas una parte natural de ti, que las puedas llamar por su nombre y que te sientas tranquilo de buscar ayuda si sientes que no puedes manejarlas.

Evita convertirte en una víctima del pensamiento negativo. Existe una raya muy fina entre sentirnos mal y convertirnos en víctimas. Cuando asumes la postura de víctima, no avanzas y, como emprendedor, es importante que reconozcas que tú eres el único responsable de tu vida. Enfócate en tus fortalezas y desarrolla tus áreas de oportunidad. Es valiente reconocer que necesitamos ayuda y que no tenemos que saber todo lo que nos requiere este proceso.

Muestra bondad, consideración y compasión contigo en tu proceso de emprender: con quien primero debes ser empático es contigo. Recuerda que no podemos dar lo que no tenemos. Cuando las cosas no te salgan bien, no te castigues, no pasa nada, reconoce que en este momento no funcionó y lo maravilloso es que puedes volver a intentarlo.

Acepta lo que no puedes cambiar. No pierdas tu tiempo y energías peleando con la realidad. Los emprendedores exitosos se enfocan en las oportunidades y las nuevas maneras de lograr sus objetivos. En mis años trabajando con emprendedores, puedo notar la diferencia del que se queda estancado peleando con el gobierno, la pandemia, los huracanes, la crisis económica, etcétera y el que reconoce la realidad y la transforma en una oportunidad para emprender.

A veces pensamos que para emprender necesitamos tomar riesgos grandes como invertir mucho dinero, dejar el trabajo, abandonar la familia. Sin embargo, lo que nos lleva a alcanzar nuestras metas son los pequeños riesgos que tomamos día tras día. Comienza tu proyecto mientras trabajas, empieza pequeño, cuéntale a tu familia, haz esa llamada, envía ese correo electrónico, háblales de tu idea a los demás. Cuando comencé a emprender, fueron estos pequeños riesgos los que marcaron la diferencia y me ayudaron a crecer.

Regula tus impulsos y controla tus emociones. Como discutimos en el **Paso 2: Domina tus pensamientos**, para poder controlar tus emociones debes identificar los pensamientos que te están provocando esa emoción. Cuestiona tus pensamientos y presta atención a tu intuición, esa es nuestra sabiduría emocional. Practicar la respiración consciente o «mindfulness» puede ser una gran herramienta para regular nuestras emociones.

Observa tu diálogo interno y usa afirmaciones positivas. Recuerda que muchos de nosotros aprendimos a enfocarnos en lo negativo de cada situación y el usar afirmaciones positivas, nos puede ayudar a reenfocarnos. Y, por último, expresa gratitud. Agradece no solo lo bueno, sino también lo inesperado o lo que no salió bien. Vivir desde el agradecimiento nos hace emprendedores más felices... siempre tenemos algo que agradecer.

¡Arranca ya!

Es sencillo: empieza ahora. ¿Cómo? Leer este libro es un gran inicio, pero solo con la acción realizarás cambios, verás que comenzarás a ver la vida desde un lugar distinto. No existe una fórmula mágica. Lo logras trabajando, haciendo los ejercicios que he compartido en cada uno de los pasos de este libro, poniendo en práctica cada día de tu vida lo aprendido, y leyendo el libro las veces que sea necesario. Los seres humanos aprendemos por repetición así que vuelve al libro cada vez que sientas que tus emociones te paralizan o te sientas sin ganas de continuar en tu proceso.

Conecta contigo y conecta conmigo. Aquí estoy para acompañarte. Para eso he creado seminarios, programas grupales y «mentorías» individuales en las cuales te enseño a aplicar estos pasos para que puedas transformar tu vida. Visita mi página web www.dramarielirios.com y sígueme ahora en las redes sociales: dra.marielirios

Ya tienes
todo lo que requieres
para ser un **emprendedor
emocionalmente inteligente.**
¿Qué esperas?

¡Arranca ya!

Sobre la autora

Marielí Ríos es doctora en Psicología Industrial Organizacional. Es especialista en comportamiento, inteligencia emocional y emprendedora del conocimiento. Luego de una exitosa carrera profesional en psicología y educación, como madre de tres hijos, se encontró con la necesidad de flexibilizar su tiempo y rediseñarse. Casi al punto de desesperación, comenzó un proceso de autodescubrimiento y, con el apoyo de los mentores correctos, encontró las herramientas que la llevaron a crear su propia metodología de aprendizaje conocida como Emprendimiento Emocional™. A través de ella, ha apoyado a miles de emprendedores, profesionales y líderes a tomar el control de su mente y emociones para salir del estancamiento, lanzar sus negocios o sus proyectos de vida y crecer profesional y financieramente.

La doctora Ríos es muy solicitada como conferenciante en importantes instituciones públicas y privadas de diversas industrias: educativas, de salud, emprendimiento, ventas y financieras. Como profesora universitaria, durante más de dos décadas ha capacitado y educado a miles de estudiantes en los cursos de Comportamiento Organizacional, Planificación Estratégica, Psicología Industrial, Liderazgo, Desarrollo Organizacional, Psicología de la Diversidad.

Es invitada por los medios de comunicación importantes del país como el Canal 6, Canal 13 y Univisión y entrevistada por «influencers» de marcas reconocidas para hablar sobre su metodología de Emprendimiento Emocional™. Ofrece talleres, programas grupales y «mentorías» individualizadas en Emprendimiento Emocional™. **Para más información: www.dramarielirios.com**

Bibliografía

Cooper, Robert & Sawaf, Ayman (2000). *La inteligencia emocional aplicada al liderazgo y las organizaciones.* Colombia: Norma.

Brown, Brené, (2014). *Los dones de la imperfección.* Estados Unidos: Penguin Random House.

Feldman, Robert S., (2014). *Psicología con aplicaciones de países de habla hispana.* México: McGraw-Hill.

García, A., Déniz, M. & Cuéllar, D. (2015). *Inteligencia emocional y emprendimiento: posibles líneas de trabajo. Red de Revistas Científicas de América Latina y el Caribe, España y Portugal.* 28(51), 65-99.

Goleman, Daniel, (1995). *La inteligencia emocional: Por qué es más importante que el cociente intelectual.* Argentina: Vergara Editor.

Goleman, Daniel, (2012). *La inteligencia emocional en la empresa.* Argentina: Bantam Books.

Goleman, Daniel, (2002). *El líder resonante crea más.* España: Penguin Random House.

Hawkins, David, (2014). *El poder frente a la fuerza*. Barcelona: El grano de mostaza.

Katie, Byron, (2002). *Amar lo que es: Cuatro preguntas que pueden cambiar tu vida*. Nueva York: Random House, Inc.

Levy, Norberto, (2000). *La sabiduría de las emociones*. Barcelona: Plaza & Janés Editores, S.A.

Real Academia Española, *Diccionario de la lengua española*, https://dle.rae.es/optimismo

Real Academia Española, *Diccionario de la lengua española*. Recuperado el 2020, de https://dle.rae.es: https://dle.rae.es/optimismo?m=form

Sanz, T. (2015). *Habitualmente*. Recuperado en diciembre de 2021, de www.habitualmente.com: https://habitualmente.com/las-excusas-para-posponer/

Suárez, J. & Pedrosa, I. (2016). *Evaluación de la personalidad emprendedora: situación actual y líneas de futuro. Revista Papeles del Psicólogo, Universidad Autónoma del Estado de México.* 37(1), 62-68.

Made in the USA
Middletown, DE
11 September 2022

10296667R00113